人人销讲的时代，销讲能助你梦想成真！

——知名销讲专家 陈飞

陈飞销讲现场剪影（一）

陈飞销讲现场剪影（二）

陈飞参演电影与慈善活动

销讲

人人销讲时代
不销讲如何做营销

陈 飞◎著

SPM 南方出版传媒 广东人民出版社
·广州·

图书在版编目（CIP）数据

销讲 / 陈飞著 . — 广州：广东人民出版社，2018.6
ISBN 978-7-218-12706-4

Ⅰ．①销…　Ⅱ．①陈…　Ⅲ．①销售学　Ⅳ．
① F713.3

中国版本图书馆 CIP 数据核字（2018）第 066827 号

Xiao Jiang

销 讲

陈飞　著

出 版 人：肖风华

责任编辑：马妮璐
责任技编：周　杰　易志华
装帧设计：刘红刚

出版发行：广东人民出版社
地　　址：广州市大沙头四马路 10 号（邮政编码：510102）
电　　话：（020）83798714（总编室）
传　　真：（020）83780199
网　　址：http://www.gdpph.com
印　　刷：三河市荣展印务有限公司
开　　本：787mm×1092mm　1/16
印　　张：14.75　**字　　数：**232 千
版　　次：2018 年 6 月第 1 版　2018 年 6 月第 1 次印刷
定　　价：48.00 元

如发现印装质量问题，影响阅读，请与出版社（020 – 83795749）联系调换。
售书热线：（020）83795240

以前我的语言表达能力有问题，导致自己和家人、客户、朋友之间的沟通都不太好。后来上完陈飞老师的销讲系统课程，发生了自己意想不到的变化，身边的一切都在改变：我将销讲系统运用到销售上，效果非常明显，简单一小时的分享就销售了98000元的五粮液酒，取得了巨大的进步！而随着不断学习，我的成长越来越快，企业销售业绩也越来越好。我简直无法用语言表达对陈飞老师的感激之情！

五粮液干一杯全国运营平台创始人　汤守骏

原来的我不敢说话，站上舞台紧张得无法开口，跟陈飞老师学习时我的第一想法就是：只要能让我站在台上敢说话，我就很满足了。但是学习三个月后，我的收获很大，我不仅敢站在台上说话，还能够大胆推广"秀莎服饰"的品牌理念。随着对演讲的深入学习，我不再像以前一样只是对客户说我想说的和我愿意说的，而不在乎客户愿不愿听；现在我会考虑客户的感受，让客户喜欢听我说，让客户接受我的思想，这让我在客户群体中获得了非常好的口碑。

成都秀莎服饰有限公司创始人　杨丽

我从小就是一个内敛、不爱说话和自卑的人。记得之前的一场招商会，现场有300多人，而我在台上拿着稿子却有几分钟是傻傻地站在那里，讲不出话来。那短短几分钟，我仿佛经历了人生最痛苦、最尴尬的事。后来我下决心跟陈飞老师学习销讲课程。他落地实战的魔术教练方

推荐语
∨∨

式，让我受益无穷，我的进步非常迅速，很快就突破演讲的恐惧，上台讲话不再害怕，无论是公司开会，还是对外招商，我都能游刃有余。后来，我又做了一场招商会，当时现场成交的金额是高达五百多万元。"销讲系统"真的是一门很经典的、落地的精品课程，我非常感谢陈飞老师！

华德瑞纳米科技公司总裁　郑畔

作为一家经营纳米科技这样一个新兴行业的创业者，我希望产品能够快速打入市场，也一直在寻找可靠的合作伙伴和渠道。其实，我以前很不喜欢外面的培训课程，我觉得都不切实际，但是陈飞老师的"销讲系统"课程给予了我很大的帮助。我很欣赏与认同陈飞老师，我和妻子都在跟随他学习销讲。我们不仅学会了营销，还学会了家庭以及亲子教育中的沟通内容，使事业和家庭都得到了有效的经营，这一切要感谢陈飞老师的付出。

华德瑞纳米科技股份有限公司创始人　熊孟辉

我一直以来对"美"就有浓厚的兴趣，并给自己定了目标，以后一定要从事"美"的事业。之后因为组建了家庭，事业就不得不搁浅了。后来，我不顾家人和身边朋友的反对，用自己仅有的一点积蓄，成立了"韩秀社"，重新开始了我的形象设计事业。在那段时间里我不得不面对诸多的质疑与反对。在一次偶然的情况下，我接触到了陈飞老师，报名参加了他的"销讲系统"课程，并很快成为讲师团成员。现在我也能像他一样，站上舞台，面对无数人去宣讲我的美的思想，并成为一个自信的"美的代言人"！

韩秀社连锁机构创始人　CIP 国际美业大赛特邀专家评委　夏晶

推荐语 Proface

作为一个时尚事业者，我一直希望能将中国传统旗袍文化传播发扬。有一次，一个好朋友带我参加了陈飞老师的"销讲系统"课程，说实话，我没想到舞台上这个年轻人有那么大的能量，可以将销讲演绎得如此淋漓尽致。而在后面的几次学习中，不但我的公众演说能力迅速提升，我更加意想不到的是，我在这里不但能学习落地的销讲技能，还找到了很多志同道合的事业伙伴。

芭莎国际创始人 中国旗袍协会新都会会长　吴富健

在学习陈飞老师的销讲课程之后，他的演讲魅力激发了我的一个梦想：我要用公众演说的方式把财务管理的重要性传播到众多的企业经营者那里，我想让更多企业主能够了解到财务管理的重要性。感谢 90 后演说家陈飞老师，是他的课程让我在公司经营中如虎添翼！感谢这个学习平台，让我认识了不少企业家朋友！

成都识力德企业管理咨询有限公司创始人　蒲津舟

我刚接手公司的时候，公司负债累累，接近破产的状态了。在我们不懈的努力之下，与员工达成了共识，一步一步走出了困境。然而，公司想扩大经营，却也困难重重。直到遇见了陈飞老师，他教会我如何去完善公司运营的体系，如何去打造公司的全套营销资料，如何做好招商会。更重要的是，他教会我如何通过演讲去激励员工的梦想、去宣传自己的产品。通过学习，我们公司获得了快速的成长。同时，我也希望自己能像他一样站上舞台，能激发更多人拥抱梦想，实现梦想。

海尔施特劳斯净水器四川总代理　胡兰木

推荐语 ∨∨

Proface

　　感恩生命中能遇见陈飞老师，他对于我事业的帮助是非常巨大的，在产品创立初期，因为对当前很多新兴的经营方式不了解，还是用传统方式做事业，做得很艰苦，而陈飞老师帮助我设计了很多新的营销模式和方法，让我的销售量与日俱增，而销讲也为我开拓了新的招商模式。

四川安信世业农业科技有限公司董事长　李忠兵

　　认识陈飞老师是在一位朋友的推荐下，当时的想法很简单，我觉得这个年轻人很不错，我愿意去为他助力。但我没想到的是，一次信任，却给我带来了超乎想象的收益，他非常热心地为我提供企业咨询帮助，帮助我的公司打造营销体系和渠道销售模式，他也尽心尽力去辅导我的演讲，让我飞速进步。他不断地带给我惊喜和感动。没想到当初我认为需要我助力的年轻人，反而成就了我更多。

成都慧澜雅贸易有限公司董事长　汪萍

销讲改变人生

我是一个 90 后青年，创业不久就担任大爱者联盟总裁，很快就创造众多销讲奇迹；我还和众多中外名流同台演说，其中有中国演讲家彭清一教授，还有国际知名两性专家约翰·格雷博士、美国前国务卿科林·卢瑟·鲍威尔、马克·汉森等知名人士。虽然是一名 90 后，但历经无数演讲磨炼的我已被众多企业家誉为"演说教练"。

我喜爱武侠，时常喜欢把自己比喻成武侠小说中的青年侠客，年纪轻轻，仗剑江湖，宝剑出手，势不可当。而这把宝剑，就是销讲。

苦心铸剑，一朝炼成动天下。

"销讲系统"课程中，我从后场走到聚光灯下，梳一黑亮背头，白西装一尘不染，似乎是一位文静、有点书卷气的青年。然而一旦我开口演讲，便能够迅速征服现场，直指人心的实战内容往往能拨开听众心中的疑云。场下听众难以按捺内心的激动，纷纷站起身来，跟随台上的指示挥舞手臂、雀跃欢呼。"收获特别大，非常感谢陈飞老师"成了参加我课程的人说得最多的话。

其实，我曾经也认为自己并不具备超凡脱俗的演说天赋，也没有接受过专业训练，我只是从山东一个贫困家庭走出来的农村孩子。贫苦的成长环境注定了我不善言谈、自卑内向的性格。别说上台讲话，就连日常和人沟通有时都有障碍。而我能具备今天的演说才能，源于自己经年累月的学习和摸索，每一句金玉良言背后都是长年为之付出的汗水。

我从主持公司早会开始练习，抓住一切主持活动的机会，直到公司把大小活动主持通通托付给我。我也细心研究、请教知名演说家的技巧、经验，这一点一直延续至今，也让我获得了业内高人们的肯定。当我开始给一些企业老板做免费演说培训时，收获了非常多的认可和赞同，这更坚定了我把销讲当成一生事业的决心。

2014 年，我毅然辞掉了收入颇丰的工作，踏上创业的道路。前进的步伐坚实而稳重，手中的宝剑尖峰越磨砺越锋利。迄今为止，我已经完成1500 多场演讲，听众达上百万人次。我巡回演讲于北京、上海、重庆、广州、贵阳、西安等上百个城市，甚至也会受新加坡、马来西亚等国家邀请前往演说和授课。

传剑于人，千人齐舞震四方。

现实中很多人平日谈笑时头头是道，一旦面对公众，即使提前做好准备，千言万语到嘴边却似被咀嚼过一番，只能挤出寡淡无味、支离破碎的句子。更有严重怯场的，双脚发软、直冒冷汗，一旦说错，头脑立即一片空白。演讲能力匮乏对于企业内的有志者，尤其是企业的领导者来说，是极为不利的。对内无法有效传达战略规划，也不能在员工面前树立威信，更没办法鼓舞大家的斗志；对外则丧失了让客户理解企业理念的一条有效渠道，到手的机会往往因为嘴拙而溜走。

"这是一个最好的时代，销讲改变世界。这是一个最坏的时代，沉默断送未来"。我见过太多因为不会销讲而遭受失败的案例，所以深深明白语言对个人和企业走向成功的关键作用。所以，我要把磨砺了八年的剑术，传授给世人，成就更多人的人生。

我以独有的销讲方式先后培训过 500 多家企业，其中名企有北京燕京啤酒集团、贵州茅台集团、四川五粮液集团，还有年营业额达七亿的上海小杨生煎、微商行业的领袖西美国际、引领潮流的深圳 DJ 服饰等。许多谋求更大突破的老总经常拜访我，提出要跟我学习。因为通过系统的学习可以让他们在短时间内便在台上游刃有余地进行销讲。不少企业家凭此技能赢取巨额利润，数百家企业在我们的帮助下，实现现场成功招商、融资、销售金额达数亿元等辉煌目标。成千上万的学员满腹狐疑，挠着头走进我们的课堂，走出课堂时已是胸有成竹。

"语言是一门集合了智力、反应力、穿透力、洞察力的有如击剑的哲学。讲究点到为止，一招制胜。"在竞争愈发激烈的今日，这门一招制胜的剑术在突破重围、披荆斩棘的成功之路上越发重要。在我们的倾囊相授下，越来越多的人不再对前路惴惴不安，他们变得巧舌如簧，令眼前种种障碍迎刃而解。我的众多学员告诉我："老师，智慧需要传播，尤其是利众的大智慧，这么好的课程，不让更多人受益真的很可惜。"于是《销讲》这本书就诞生了。我希望尽我所能，让销讲的光芒可以照亮更多人的人生。我希望每一位拿到这本书的读者，不要让它尘封在书柜之中，而是仔细品读。或许我与读者之间还可以产生智慧的碰撞，从而改变和生发出更多的东西，为更多的人塑造美好的未来。

陈飞

2017 年 11 月于成都

序言

第一章

未来的
企业家都是销讲家

　　人类社会中出现了一个有趣的现象——许多企业家都变得能说会道。乔布斯、马云、周鸿祎……这些世界著名的企业家、所有人眼中的领袖人物，他们一直都在尝试用公众演说来改变这个世界。因此，未来能在市场上有所作为的企业家，必定是集心理学家、社会学家、教育家、演说家这些称号于一身的成功人士。销讲家能同时具备心理学家、社会学家、教育家、演说家的作用，相信未来的企业家必定都是销讲家。

乔布斯：好产品是说出来的

以个人魅力影响整个高科技领域并且征服全球的企业家，非史蒂夫·乔布斯莫属。乔布斯充满传奇色彩的个人经历与他一生挚爱的苹果公司紧密相连，这位伟大的企业家不仅是引领整个计算机行业的先驱，更是一位凭借口才打动全世界的演说大师。

> 史蒂夫·乔布斯的传奇经历起始于他二十岁选择放弃大学的时候，与好友斯蒂夫·沃兹尼亚克共同创立公司。随后让人无法预料的是，这位创始者在 1985 年苹果发展成为拥有上千员工的大型公司的时候，却遭到了"背叛"——乔布斯被董事会"赶"出了苹果公司。然而在 1996 年，苹果公司陷入困局的时候，乔布斯却选择了重新回到苹果，并设计出 iMac 这个创新的产品使苹果渡过了第一次危机，同时他的第一次演说就是在 iMac 的发布会上。2007 年 6 月，由乔布斯主讲的 iPhone 首次发布会获得了巨大的成功，让 iPhone 成为 iMac 之后苹果对科技领域掀起的第二波革新浪潮，同时乔布斯本人也升级成为新一代的销讲大师。

iPhone 的首次发布会让乔布斯走上了演说的巅峰时刻。甚至可以说，在当时的状态下，乔布斯的每一句话都影响着苹果公司乃至整个高科技行业前进的脚步。乔布斯通过一次又一次激动人心的演说，不仅销售了苹果的相关产品，而且使苹果公司在行业中所处的地位获得了提高。乔布斯的演说之所以能够产生如此大的影响，并不是偶然事件，而是在做足充分准备后的必然事件。因为从乔布斯的多次演说中，可以看出以下几个共同点：

（1）说出产品带来的用户体验

乔布斯的演说带给用户的感觉永远不是在"推销"，而是在展现产品能够带来怎样的用户体验。乔布斯从来不会把重心放在产品运用了哪些复杂的新技术，也不会用死板的数据对比来展现产品的优势，但是他会详细地展现新产品为用户带来怎样的体验。比如在 iPhone 首次发布会中，乔布斯使用"特殊的装备"在现场直接用 iPhone 播放音乐；亲自拨出了 iPhone 发布以来的第一个电话；使用 iPhone 的定位功能找到一家星巴克咖啡店。在整场发布会中，乔布斯把大部分时间都用在了展示用户体验上，他的每一步展示都获得了观众热烈的回应。

（2）搭配特色幻灯片展示

乔布斯在演说的过程中，还有一个非常有意思的特点——他更喜欢用简约的幻灯片来配合自己的演说。仔细观看乔布斯使用的幻灯片就会发现，虽然幻灯片制作得极为简约，但是无论是动态效果还是静态图片，细节处理都非常到位。

> 乔布斯崇尚的简约风格，对整个苹果公司都产生了深远的影响。无论是苹果硬件产品的外观设计，还是软件的用户体验设计，都可以看出乔布斯和苹果公司对简约的追求。甚至，乔布斯这份对简约的追求还延续到每家苹果的实体店面上——所有正版的苹果实体店的招牌上，只会有一个苹果公司的 logo，绝对不会出现任何文字的描述，连"Apple"这个单词都不会出现。因此，"简约"这个包含乔布斯和苹果公司特色的词，也在乔布斯销讲中使用的幻灯片上得到了体现。

在乔布斯的带动下，"简约"已经不是乔布斯的个人品位，而是整个苹果公司的特色。因此这位演说大师通过充满简约特色的幻灯片，再结合个人的魅力，让苹果的发布会获得了一次又一次的成功。

（3）结束之后还有"惊喜"

乔布斯是一个能在演讲中不断为观众制造惊喜与高潮的演说大师。在一轮又一轮的"惊喜"制造过程中，苹果的产品也逐步深入人心。实际上，乔布斯的演说最让人欲罢不能的是，他总是在演说结束之后持续制造"惊喜"，甚至让结束后的"惊喜"成为取得胜利的撒手锏。

众所周知，乔布斯有一句经典名言"one more thing（还有一件事）"。这句话时常会出现在乔布斯销讲的结尾，乔布斯喜欢使用这句话引出别的内容。乔布斯安排在"one more thing"之后的内容可能是产品的一项新功能，可能是另一个全新的产品，还有可能是一场娱乐表演。但是，无论是怎样的内容，这句话总会为观众带来盛大的惊喜，并且总会在最后销讲回归平静的时候引发新一轮高潮。

"one more thing"已经成为乔布斯的经典名句。如同这位享誉全球的企业家、演说大师一样，即使在他的生命结束之后，还在全球范围内不断地产生影响。乔布斯站在销讲家的位置上，用"说"的方式发挥了企业家最大的作用。

马云：公众演说打造公众魅力

阿里巴巴的创始人兼董事局主席马云，无疑是国内最厉害的企业家和最能"蛊惑人心"的销讲家。在马云的成功之路上，他的演说占据了极其重要的地位，甚至贯穿了整个阿里巴巴集团的初期发展。

（1）"忽悠"唤醒智慧

从马云的演说上可以看出，这个世界著名的 CEO 最擅长做的事就是通过演说来"忽悠"别人，就连马云自己也承认了这一点。

> 马云在 2011 年杭州第八届网商大会上的演说中提到过："说我善于忽悠，我自己承认，12 年前我忽悠了 18 个人，我记得还忽悠了王中军、华谊兄弟，他先忽悠我，要我投资他；我把他忽悠成有理想成为中国最大的电影公司。我觉得看到这些忽悠的结果和成果，今生已经很满足了，所以我还会一直忽悠下去。"

但是马云的"忽悠"是与众不同的，他能够通过"忽悠"来唤醒每个人心中的智慧和前进的动力。至少听了马云"忽悠"的人，比如王中军、华谊兄弟等，确实在马云的"忽悠"之下创造了"奇迹"。

（2）说出自己的特色

马云是一位特立独行的企业家，也是一位拥有自己特色的演说家。马云对特色的追求，要追溯到 1993 年新加坡亚洲电子商务大会。马云在出席这次大会期间就发现了一个"问题"——大会中 85% 的演讲者是美国人，85%的听众是美国人，举的例子全是美国的。对此马云也做出了回应：

> "我觉得这里面肯定有问题，我就站起来说，我也不知道问题是什么，但我觉得'亚洲是亚洲，美国是美国，中国是中国'。当时我有一个想法，就是要找出一个有中国和亚洲特色的东西。"

马云对特色的追求不仅体现在他的演说中，在对企业的管理上他也做到了。在阿里巴巴创业初期，多数互联网企业都在仿照美国为大型企业提供服务的时候，马云却跳出来朝着相反的方向发展——专门为中国的中小型企业提供互联网服务。因此，阿里巴巴才能成为一个具备浓厚"中国特色"，还能在国际上站得住脚的企业。

（3）坦诚地说出错误

作为全球顶尖企业的创始人，马云在每一次的演讲中都不会回避"错误"这个问题。正如马云自己所说的："我相信任何一个成功的人背后都有过巨大的挫折和失误。"

> 马云曾在演说中提到过："对所有创业者来说，永远要告诉自己一句话——从创业的第一天起，你每天要面对的是困难和失败，而不是成功！你最困难的时候还没有到，但有一天一定会到。困难不是不能躲避，但不能让别人替你去扛。9年创业的经验告诉我，任何困难你都必须自己去面对，创业就是面对困难。"马云10年取得的任何成功、失败等经历，就是他最大的财富。

在所有的企业家中，大概对"错误"认识得最深刻的就是马云。甚至在几年前，马云就提出想写一部新版《一千零一夜》，并且暂定名为《阿里巴巴的1001个错误》。虽然这本书至今没有写出来，但是马云在每一次的公众演说中，都会提到自己曾经犯过的错误。这些错误有大有小，甚至会将马云从"创业之神"的神坛拉到地面上，但是这也是马云所期待的效果。

马云能够坦诚地在演说中讲出自己的错误，一方面是为了让自己从错误中总结经验；另一方面是为了让自己的形象更"接地气"，让所有听他演说的人都明白——马云只是一个普通人，他会犯错也会失败，他能够做到的事，其他人也能够做得到。

（4）坚持梦想

综观马云的全部演说，无论是在正式的舞台上，还是在台下与他人进行对话，马云总是绕不开对梦想的谈论。

《马云谈商录》中提到过一条马云的经典语录："人永远不要忘记自己第一天的梦想，你的梦想是世界上最伟大的事情，就是帮助别人成功。"

马云所表达的"坚持梦想"，不仅是要自己实现梦想，而且表达出他想帮助别人一起实现梦想。对多数创业者来说，创业时期的梦想总是美好的，但是实现的过程却非常艰辛。阿里巴巴的发展也无法避免这道坎，所以在阿里巴巴的发展道路上，对马云来说最大的动力就是"坚持梦想"。同时，"坚持梦想"也是马云"忽悠"创业伙伴、企业员工、企业投资者的最佳武器。

周鸿祎：语不惊人死不休

　　中国互联网安全之父周鸿祎，是一位极具颠覆创新思维的企业家。他的创新不仅表现在他的创业之路上，而且表现在每一次的演说中。在中国所有企业家的演说中，依靠"段子"带给观众惊吓和惊喜的只有周鸿祎一人而已。他凭借"语不惊人死不休"的演说，一举成为企业家中著名的演说家。

（1）段子是调节气氛的有力武器

　　周鸿祎是 IT 界公认的段子手，无论是在大学校园里的演讲，还是产品的发布会，他的任何一场演说都离不开段子。因为段子是他调节演说气氛的最佳利器，不管是怎样的段子，放到周鸿祎手里都能被他运用自如。

> 　　周鸿祎在央视的《开讲啦》节目中曾发表过演说，他开头是这么说的：
>
> 　　我是周鸿祎，我简单先介绍一下，比如说我们公司叫 360。其实本来的意思是，我们做网络安全，我们希望给大家提供一个 360 度全方位的保护。但是，做了安全，我们在行业里就变成行业的公敌。我们老琢磨保护用户，在安全之外做了很多多管闲事的事情，还坚持免费干。同行就认为我们就是最典型的"250"干"110"的事。250 加 110 大家算算等于多少，就等于 360。

　　周鸿祎把 360 解读为"250+110"，表面上是用段子来自嘲，实际上却是在开场用段子来调动现场的氛围。同时，"250+110"也含蓄地点出了 360 的性质——"250"指的是 360 杀毒软件免费的设定，"110"则指出 360 一直在为互联网的安全做出奉献。虽然 360 采取"终身免费"策略的时候，受到了多数同行的嘲讽，甚至 360 的投资者也觉得周鸿祎的做法有问题。但是，周鸿祎坚持下去了，甚至靠这个免费的软件打败了同行的竞争者，获取了最大的商业利益。由此可见，段子已经成为周鸿祎的代名词。周鸿祎不仅会在演说中使用各种段子，甚至他的微博里也是一大把关于自己、关于 360 的段子。

（2）敢于调侃巨头

擅长用段子在演说中实现"惊人"效果的周鸿祎，同样擅长用段子调侃各大相关行业的巨头。小米、华为、阿里巴巴、腾讯等这些巨头企业，无一例外都惨遭过他的"毒手"。

> 2015 年，周鸿祎在奇虎 360 与酷派今日的联合发布会上，大胆地同时调侃了多家手机行业的巨头企业。小米的 CEO 雷军是第一个被周鸿祎"玩坏"的人。他开场使用了雷军走红网络的"Are you OK"，并且调侃道，"如果不会说几句湖北英语，都不好意思说自己是做手机的"。周鸿祎甚至把会场中 360wifi 的名字设置为"Are you OK"。
>
> 周鸿祎演说的聪明之处在于"调侃归调侃，该认同的时候还是要认同"。因此周鸿祎在谈论友商的时候，虽然在开场的时候直接调侃雷军，但是也毫不避讳地直接承认"雷总是中国营销第一人，他是我国最牛的营销大师"。由此可见，周鸿祎敢于调侃巨头，同时又能够把握住调侃的"度"，所以"张弛有度"是对周鸿祎演说最好的形容。

（3）从别人身上学习

没有人天生就适合做演说家，优秀的演说家总是在一次又一次的演说中磨炼出来的。同样，周鸿祎最初的演说也并非像现在一样成功，但是有两个人对他的演说能力产生了巨大的影响，这两个人就是马云和张朝阳。

1998 年 360 刚刚创业的时候，花了 10 万元人民币赞助了那年的达沃斯"全球 25 名青年才俊"论坛。主办方一开始说好让周鸿祎上台讲 1 个小时，但是由于演讲稿太多，周鸿祎的演说时间远远超过了 1 小时。最后出现了主持人施瓦布上台抢他的话筒，周鸿祎一边跑一边继续念演讲稿的"闹剧"。当时马云就坐在台下看他的演讲，演说结束后马云就对周鸿祎说，"应该用三句话总结自己的演说内容，这样才会被大家记住。"此后，马云的"三句话总结"一直影响着周鸿祎的演说。

在早期的互联网门户时代，搜狐的 CEO 张朝阳是周鸿祎崇拜的"偶像"，因此张朝阳的演说同样也深深地影响着周鸿祎。但是，即使像张朝阳这样"大佬"级别的人物，也会在演说过程中出现忘词的现象。周鸿祎曾经说过，有一次他看张朝阳的演说时，张朝阳突然在中途停下，5 分钟之后张朝阳才继续演说下去。周鸿祎推测张朝阳可能是忘词了，并且表示"连 Charles（张朝阳的英文名）这样的大佬都会忘词，我自己对演讲也没有那么恐惧了"。

周鸿祎是一位优秀的企业家，因为他为世界带来了"免费"的互联网安全；他也是一位优秀的演说家，因为他的每一场演说都贯穿着"语不惊人死不休"这条至理名言。周鸿祎把段子和调侃打磨成演说中的利器，进而让观众都能臣服在他的演说之下。

罗永浩：一定要讲情怀

任何行业的起步和发展，都是建立在各个企业创始人的情怀之上的。在企业家的演说中，曾经的情怀是撼动人心的最佳武器，也是让观众从情感上对企业家的演说产生依赖的重要秘笈。在目前的情况下，能够将情怀的作用在演说中发挥得淋漓尽致的企业家就是罗永浩。

（1）讲出情怀

情怀诞生于人的内心，有感情的人都会有情怀。情怀在互联网上被进一步延伸为人们对某种事物或者某种领域持有的爱好。虽然某些人对某些事持有"情怀"不代表这些人做这些事就一定能成功，但是至少证明这些人对这些事有一定的感情了。因此，许多创业者和投资者在面对失败的时候，会用"情怀"这个词来"自嘲"，一方面是给予自己警示，另一方面则是为了激励自己要坚持下去。在这种情况下，很多人开始把"情怀"当作失败的挡箭牌。然而在罗永浩的演说中，即使他没有提到"情怀"这个词，观众也会感受到真切的情怀。罗永浩在演说中对情怀的使用已经渗透到了方方面面，甚至在自我介绍中都不忘使用情怀。

> 我的性格本来应该是不适合创业的，不过年纪大了变得越来越能控制自己，再加上责任感也越来越重了，对家庭、对朋友、对相信我的人都是如此，所以在自己特熟悉的领域内和朋友们一起做点事情，应该没有任何问题。

以上是罗永浩自我介绍中的很经典的一段。没有华丽的辞藻，也没有刻意地去调动他人的情绪，看似朴实的话里却字字透露着"情怀"。罗永浩甚至没有表达出创业的野心，只是用无比人性化的语言——"自己特熟悉的领域内和朋友们一起做点事情"——表达出创业的想法。由此可见，在关于"情怀"的"咬文嚼字"上，罗永浩远远胜出多数企业家。

（2）把演说变成"情怀"表演

情怀来自人内心深处的情感，因此罗永浩把他的每次演说都变成了一场表演。罗永浩是手机行业内有名的演说家，他将演说变成了"情怀"表演的模式。罗永浩利用这种情感表演的模式，一方面受到了大众的喜爱，另一方面互联网上的媒体也因此产生了许多关于罗永浩的负面新闻。这些负面新闻多数都是在为罗永浩的"情怀"而发表质疑，甚至抨击他的演说是"毫无营养的相声"。但是，即使在负面新闻的抨击之下，愿意为罗永浩的"情怀"表演埋单的人还是有很多。

这是"情怀"表演的魅力。罗永浩的每一句话都能戳中观众的情怀，并且在观众的心里留下深刻的印象。在不去纠结罗永浩的"情怀"是真是假的情况下，站在企业销售的角度上来看，罗永浩已经依靠演说获得了观众对企业、品牌以及产品的关注。因此，这种把演说变成"情怀"表演的模式，确实是一种独特的企业家演说模式，只要能够把握住恰当的演说技巧，就能够获得巨大的成功。

（3）粉丝诞生于用户之前

当多数企业家还在犹豫"先情怀，还是先干事"的时候，罗永浩已经用他的情怀为锤子手机拉拢了一批粉丝。

罗永浩在出版第一本书《我的奋斗》之后，就已经拉拢了一大批粉丝。从《我的奋斗》中就可以看出罗永浩极大的语言天赋，类似"有出息的男人，需要气氛悲壮一点""每个人生下来就注定改变世界""每一个生命都注定改变这个世界"这些曾经在网络上一度盛行的经典语录，都是出自罗永浩的《我的奋斗》。甚至很多人在不知道罗永浩这个人和《我的奋斗》这本书之前，就已经知道了这些经典语录。罗永浩除了依靠《我的奋斗》这本书拉拢粉丝之外，最重要的是他还陆陆续续在各个大学进行关于《我的奋斗》的演讲。大学是年轻人汇聚的地方，年轻人也是最容易被"情怀"打动的群体，因此罗永浩快速地凭借"情怀"建立了粉丝群。

　　锤子手机其实在刚刚上市的时候并没有受到过多的关注。罗永浩依靠演说"情怀"拉拢的粉丝，成了他的第一批客户。这种在建立用户群体之前优先拉拢粉丝的模式，是一种前所未有的创新，也是罗永浩为锤子手机带来的独一无二的优势。

罗振宇：说出来的"罗辑思维"

具备强大销售能力的企业家，不一定出生于条件优越的家庭，但是一定是一位勇于演说、善于演说的演说家。出生在安徽桐城的罗振宇，就是企业家中典型的演说家。

（1）"魅力人格体"成为传播关键

任何企业家创办企业都有自己的目的，罗振宇也不例外。但是身为"罗辑思维"主讲人、得到 App 创始者的罗振宇所处的立场，明显与其他企业家不同。他主张利用互联网中的传播媒介，利用演说塑造人格魅力，然后借此对外销售知识。

> 罗振宇作为"罗辑思维"自媒体视频脱口秀的主讲人，在互联网上独创了"魅力人格体"。实际上，"罗辑思维"的第一档节目是在 2012 年 12 月 21 日推出的，当时整个"罗辑思维"加上罗振宇本人才 3 个人。但是，在此之前罗振宇就已经在互联网上大力推行他的"魅力人格体"，并试图用这种特殊演说模式圈住第一批粉丝。

对于在"罗辑思维"创办之前，罗振宇用"魅力人格体"有没有圈住粉丝或者圈了多少粉丝，没有人能够证实。但是，当下所有人都可以看到罗振宇已经把"魅力人格体"看成是"罗辑思维"获得成功的重要因素之一，甚至可以说如果没有"魅力人格体"的辅助，"罗辑思维"就不会像现在这样有"特色"。

（2）"罗辑思维"是社群，不是自媒体

罗振宇借助自媒体的浪潮创立了"罗辑思维"，但是他给"罗辑思维"的定义并不是自媒体，而是更加高端的"社群"。

> 罗振宇曾经说过："罗辑思维"走媒体道路是没有前途的。因为做媒体就是在做我个人的禀赋，局限性意味着这不会是一个成功的商业项目。我之前的媒体生涯里都是在做大众喜欢的节目，哪怕是在央视做格调很高的《对话》，也逃不开要去服从你的用户。到了"罗辑思维"时，我终于能为我自己做点事情了，这里有我自己的表达风格，我自己的趣味和禀赋全然呈现。这样一来必然会限制我们的受众，所以我说"罗辑思维"最多只会服务 10 万会员。

其实罗振宇的第一份工作是央视主持人。虽然罗振宇热爱主持、热爱演说，但是他的目标并不是主持那么简单，于是他在 2008 年就辞去了这份工作，选择创办"罗辑思维"。借助自媒体名声大噪的"罗辑思维"并不是罗振宇最终的目标，毕竟"媒体道路是没有前途的"是他一开始就认定的事情，因此"罗辑思维"成为"社群"也是罗振宇一开始就设定好的道路。正是因为罗振宇对"社群"的重视，"罗辑思维"才会借助社群发展得更为广阔，进而"出现旅游达人，出现吃货达人，出现读书达人……"。

（3）内容为王

社会生产的进步、科技的发达等因素，都促使人们的生活节奏不断加快。在快节奏的生活和工作之中，大多数人都失去了业余看书学习新知识的时间。同时，为了减轻生活压力，多数人都会选择各种娱乐方式来放松自己。人们虽然把互联网当作追求娱乐的主要场所，但是对互联网娱乐内容的要求却越来越高。在这样的情况之下，罗振宇借助互联网看到了源自书本知识的商机。

罗振宇是互联网业界出名的"知识搬运工"，因为他"不生产知识"，只是通过阅读书本上的内容，然后又将书本上的内容用视频演说的形式展现在大家面前。这种以互联网短视频搬运知识的方式，就是"罗辑思维"创业时的最初模式，甚至直至今日罗振宇都在坚持录关于书本的短视频。

坚持搬运书本上的知识只是"罗辑思维"成功的第一步，而罗振宇对内容的坚持不仅仅在于知识，同时还在于演说的质量。几分钟的视频，他可能要反复录上好几遍；一个小时的演说，他甚至可能要录八九个小时。因为罗振宇对演说的要求非常严格，不允许打断、不允许忘词、不允许中间有无意义的停顿、不允许出现一个字的破音……罗振宇对演说的要求，不仅超越了多数企业家，而且超过了多数专业的演说家。

从罗振宇对演说内容的要求中可以看出，"内容为王"已经成为"罗辑思维"信奉的重要法则。"罗辑思维"所有产品的质量都非常高，并且这种高水准的内容从"罗辑思维"诞生初期就一直在不断进化，甚至让"罗辑思维"整体都因此获得提升。因此，"内容为王"是罗振宇打造"罗辑思维"的重点发展方向，也是企业家演说获取成功的重要法则。

雷军：到直播去说

伴随着移动互联网技术的突飞猛进，相关业务也在逐渐增加。其中最为重要的就是智能手机业务，而提到国内的智能手机就不得不去感谢那位名叫"雷军"的人。

> 雷军是小米科技的创始人兼董事长。在小米创业之初，市场上较好的智能手机的价格都是在 4000 元到 5000 元左右。于是雷军推出的小米手机，成了首个在 1000 元价位具备极高性价比的国产手机。从小米作为首个突破者打开了"千元机"的市场之后，华为、魅族等行业大佬，才开始跟着雷军刮的这阵"风"陆续推出了价格在 1000 元左右的相似手机。

雷军是一位极具前瞻眼光的企业家。因为他不仅在中国手机行业创造了极具特色、性价比高的"千元机"，而且能利用前沿的眼光抢占互联网流行的"风口"。直播，就是雷军当下积极抢占的重要"风口"之一。

（1）企业家还能靠演说当"网红"

雷军既然要抢占直播这个"风口"，就必然少不了"网红"。雷军和多数企业家不一样，在别人忙着找明星、找网红来直播的时候，雷军已经卷着袖子亲自上阵了。不管雷军到底是怎么"红"起来的，至少现在人人都知道"Are you OK"这句经典的台词就是来自于他。

2015 年小米在印度举行发布会，推出针对印度市场的新手机小米 4i 和小米手环 Mi Band。雷军虽然并不是此场发布会的主讲人，但是他 2 分钟的演说却足以引爆全场。他登场后，首先用"How are you"这句中国人普遍熟悉的英语打招呼；其次又说出"I'm very hAppy to be in China……"，这个错误的"定位"直接让会场爆发出欢乐的笑声；再次奉上为印度"米粉"带来的惊喜——免费的小米手环和多彩腕带；最后对全场提问那句经典名句"Are you OK"。

以上是雷军在印度发布会上 2 分钟演讲的全部内容。看似蹩脚并且充满笑点的中式英语，却饱含了雷军身为企业家的情商和身为演说家的聪明。雷军的英语到底好不好已经不重要了，因为他在那场发布会的目的已经达到了。他凭借着"Are you OK"不仅走红了印度和中国，通过他人的恶搞视频和网络的传播，甚至全世界都把"Are you OK"当作了雷军的"代名词"，雷军终于成了彻底的"网红"。

（2）抢占直播的"风口"

雷军把自己"网红"的身份落实了之后，作为一名聪明的企业家和情商的商人，他当然想要利用自己"网红"的身份为小米带来更多的利益。微博、微信、知乎等当下还在火热发展中的社交平台，在雷军的眼里早已经落伍了，于是他把目光锁定在"直播"这种社交方式上。

实际上雷军爱上亲自上阵直播，完全是源于一次偶然事件。在雷军还没有亲自扛起小米发布会直播旗帜的时候，他已经看到了直播平台的发展前景，并且推出了小米直播这个应用平台。但是，此时的雷军还没有想到亲自上阵。多数人都以为雷军第一次直播是在 2016 年 5 月 10 日小米夏季发布会结束之后，实际上并不是这样。雷军的第一次直播是在 2016 年 4 月 23 日，他在济南参加中国企业家俱乐部绿公司年会的时候，用手机进行了第一次直播。也正是因为这次直播，让雷军发现了直播的有趣之处，所以他才会在 2016 年 4 月 23 日直播的过程中就提出 2016 年 5 月 10 日要再办一次小米线上直播发布会。

　　直播在多数人眼里只是 80 后、90 后乃至 95 后的一种娱乐方式而已，却很少有人能够看到隐藏在直播背后的商机。直播平台已经不再是单纯的娱乐平台，它还是一种企业家展示自我的演说平台。这种平台虽然与传统的"舞台"完全不同，它可能不够华丽、不够高贵、不够正式，但是它却在吸引着一批又一批的年轻人。雷军就是借助直播这个平台，利用自己"网红"的身份为小米带来了意想不到的巨大收获。

（3）话题营销

　　雷军是一位在互联网直播平台上叱咤风云的演说家。他之所以选择直播平台，一方面是因为他看中了直播的发展前景，认为未来的营销根本无法离开直播；另一方面则是因为基于互联网的直播平台，是除了微博、微信等社交平台之外的制造话题的最佳场所。

　　除了早些年，雷军在微博上红起来的"飞猪理论"，近些年从"Are you OK"开始，小米的每场发布会都在用各种"姿势"营造话题。比如，在针对小米 5S 和小米 5S Plus 的直播中，雷军直言"砍掉数十亿 MIUI 广告合作"；针对小米 Max 的"超长无聊待机"打造了一场"史上最无聊的直播"；针对小米 5 的"小米黑科技直播室"等。

　　无论是"砍掉数十亿广告""史上最无聊直播"，还是"小米黑科技"，都是雷军精心为直播打造的"话题"。无论这个话题好与坏，哪怕顶着"最无聊"的名号，雷军都切切实实地吸引了一批观众。只要有直播和任意的演说，雷军这位营销专家都有足够的能力引爆相关的话题。

小邱咪：内容＋直播＋电商，5天近千万销售额

销售就是一场口才与心灵的较量。虽然雷军通过直播用自己的口才征服了粉丝们的心，但是他绝对不是利用直播进行演说销售并且获取成功的第一人。迄今为止，已经有无数的网红主播利用直播获取了商业上的成功。雷军确实是一位成熟的企业家、演说家，然而他在直播上还是"菜鸟"级别。真正的直播达人几乎都诞生于"民间"，虽然他们没有马云、罗永浩、雷军等此类企业"大佬"的演说能力，但是他们在直播中都有自己独特的风格。

在直播网红的大军中，小邱咪算是相当出色的一员。这位模特出身的普通女性，没有企业家的野心，也没有营销家的狡诈，她拥有的不过是身为女性、身为模特对美丽的独特认知。她直播的内容涉及范围极为广阔，包括旅游、美食、服饰、美妆等，同时她也有固定的粉丝圈，光是关注她微博的粉丝就有11万。

非企业家的小邱咪，之所以能获得比部分企业家更好的收益，主要就是因为直播平台为她提供了适合她演说的机会与场合。小邱咪的演说自然无法与马云、罗永浩、雷军等企业家的演说相媲美，但是她独特又富有自我个性的演说却能够与直播平台完美契合，进而形成了"内容＋直播＋电商"的销售模式。

（1）"直播"进一步打开互联网销售市场

在传统互联网中，PC端口的淘宝、天猫、京东等平台开辟了电商1.0的时代；在移动互联网的时代，移动端的淘宝、天猫、京东等 App 则促使电商进入了 2.0 的时代。为了让电商能够快速进入线上线下一体化的 3.0 时代，首要任务就是进一步打开互联网市场，使互联网线上线下的销售变得更加紧密。在目前所有的电商销售模式中，直播是最接近电商 3.0 的销售方式。主播通过线下的演示和解说，通过直播将最真实的场景展现给线上的观众，进而让观众产生购买欲。直播通过真实感连接线上线下，在带给观众良好用户体验的同时，也对主播的演说起到了锦上添花的作用。

直播还有另一个不可小觑的优势，就是可以与移动互联网完美结合，观众使用手机就可以进行观看。用手机随时可以观看的直播，比那些只能在电视、电脑端口才能看到的品牌发布会涉及的范围更广，毕竟不可能每个人都会随身携带电脑。

（2）直播演说也少不了内容

直播之所以能够火爆还有一个重要的原因，就是直播的门槛非常低。也正是因为直播低门槛的特点，导致主播鱼龙混杂，直播的内容也是参差不齐。但是，能够长期吸引观众的直播，一定拥有丰富的内容。

> 2017 年 3 月 4 日，一直播、微博直播、微博电商联手举办了名为"红人直播淘"的活动。值得关注的是，小邱咪通过这次活动达成了将近千万的销售额。对小邱咪来说，此次的直播活动她并没有提前做任何的演说准备，更不会有专业的演讲稿。她只是通过直播，用最朴实无华的语言，将自己美妆和护肤的知识传达出去而已。身为模特的小邱咪，平时就非常注重保养，同时，为了让自己时刻保持光彩照人的形象，化妆方面也研究得非常透彻。可以说美妆和护肤是小邱咪日常生活和工作都无法离开的核心，因此她对美妆和护肤的了解肯定比一般大众多得多，甚至可以说是"专家"级别。美妆和护肤两方面丰富的知识储备，也为小邱咪的直播提供了良好的内容素材。

美丽是模特天生具备的优势，也是小邱咪通过直播能够直接展现的内容。看到小邱咪护肤与化妆的成果，再加上专业的知识讲解，自然而然就会激发观众的购买欲望。由此可见，直播演说的内容也需要"干货"。虽然直播的内容不一定要像企业常规直播那样充满专业的词汇，但是一定要根据观众的水平和理解能力说出他们需要的内容。拥有内容的直播演说才能在互联网上引爆产品的销量。

（3）多种产品带来更多的选择机会

一般企业的产品发布会，主讲人只会围绕着一种或者两种产品进行演说。但是，"内容＋直播＋电商"的模式则完全不同，很少有主播在直播中只会推荐某一种或者两种类型的产品，大多数主播都会同时向观众推荐多种类似或者相关的产品。主播这种"不专一"的销售方式，当然不适用于那些严谨的产品发布会，但是放到直播平台上却别有一番风味。

> 比如，小邱咪在"红人直播淘"的活动中，向直播观众推荐了蜜丝佛陀、资深堂、迪普泰克、欧碧泉等 13 种产品，最终达到了 11 万的销售额。

小邱咪通过直播一口气推荐了 13 种产品，一方面是为了配合自己的内容讲解，另一方面则是为了为观众提供更多的选择机会。毕竟直播是为了实现电商的销量，与以宣传产品为主的企业发布会有着明显的区别。"内容＋直播＋电商"的模式，能够让主播在演说的过程中直接实现销售。也正是这种在激发观众购买欲望的同时能够让观众立刻购买产品的方法，才能够让小邱咪在短短 5 天内实现近千万的销售额。

珍珠哥：直播卖珍珠卖出千万身家

伴随着行业竞争的日益激烈，演说已经成为竞争中的有力武器。 无论是成熟企业的企业家、初创企业的创业者，还是普通的营销员或者个体户，在与消费者打交道的时候都离不开口才、离不开演说。既然像乔布斯那样的企业家可以依靠演说让一个濒死的企业重生，那么个体创业者就可以利用演说为产品拓展更加广阔的销售市场。

互联网电商平台，是当下多数创业者首选的销售通道。虽然电商确实在线上为产品打开了销售渠道，但是伴随着淘宝、京东等电商的成功，越来越多的竞争者也随之出现。对于普通商家来说，电商平台能够给他们带来的优势已经被逐渐削弱。然而，聪明的商家却看到了另外一处商机，那就是直播平台。

（1）借助"直播＋电商"平台带来的机会

在目前的情况下，多数商品的线上销售渠道就是电商平台。但是伴随着电商的发展，竞争压力也在逐渐增大，如何为线上的销售开辟一条崭新的道路，成为多数电商平台以及商家思考的重点。

> 2016年"双12"期间，淘宝举办了"要爱要爱淘宝亲亲节"直播活动。整场活动最受瞩目的就是淘宝亲亲节的直播会场。各大主播通过淘宝直播平台，为观众展示了逛川普故居、大别山里抓土鸡、迪拜奥特莱斯商场海淘等诸多新奇有趣的内容。在这些直播中，一位ID为"绍兴珍珠哥"的主播，通过直播"开蚌取珠"成为淘宝"双12"直播活动中的大赢家。珍珠哥通过直播销售58元一个的珍珠蚌，边卖边开蚌，在"双12"活动的一周时间内为店铺赢得了千万粉丝。

淘宝对"直播＋电商"的线上销售模式逐渐看重，看似简单随意的直播，实际上淘宝内部都经过了仔细的挑选和精心的策划。由此可见，淘宝直播这个"直播＋电商"的平台，为珍珠哥这样想抢占直播"风口"的电商提供了一个机会。

（2）直播也要创新

商家如果不能为观众带来一些创新的内容，即使淘宝等直播平台为商家提供了机会，也无法达到预期的销量。就像老套死板的舞台演说无法激起观众的热情一样，内容同质化的直播同样不能达到良好的销售效果。因此，把握机会是商家需要做的第一步，而在直播中如何吸引流量、如何快速变现则是商家需要自己"创新"的第二步。

珍珠哥在淘宝"双12"亲亲直播节活动中的"开蚌取珠"活动，就是让观众购买58元的珍珠蚌，然后对购买者进行编号，按照编号的顺序随机挑珍珠蚌现场开蚌。无论开出的珍珠品质是好是坏，珍珠蚌内所有的珍珠都归相应编号的购买者所有，甚至购买者如果想要挖空蚌壳，珍珠哥都会给购买者寄出去。

观众在观看现场开蚌取珠的过程中，永远都不知道珍珠哥接下来会开出什么样的珍珠。可能是紫色的珍珠，也可能是"13毫米"的大白，或者是普通的、形状不规整的小珍珠。虽然站在主持演说的角度来看，珍珠哥的直播可能毫无专业技巧可言，但是由于观众永远不知道接下来会开出怎样的珍珠，所以才会对直播开蚌取珠充满好奇。珍珠哥就是利用了充满创意的开蚌直播，激发了观众的好奇心，让好奇心变成继续观看直播的动力。再加上现场开蚌，在某些观众开到色泽、形状不错的珍珠的时候，又会诱发其他观众的购买欲，进而形成购买、直播、引导购买的良性循环。

（3）发展更多的传播渠道

优秀的内容需要传播渠道才能让更多的人了解到。珍珠哥的"开蚌取珠"直播至今都还在持续着，但是已经出现了很多同行竞争者和他一样采用

"开蚌取珠"的直播方式吸引观众。

> "光山下湖这儿，就有不下 10 家模仿我做开蚌直播。"提到众多的同行竞争者，珍珠哥就会表现得很激动："模仿也就算了，还要来我直播间打广告，拉粉丝，打价格战。"

虽然珍珠哥是"开蚌取珠"的首创者，但是面对如此多的同行竞争也会感受到巨大的压力。再加上某些同行故意打起"价格战"，珍珠哥原本一路顺风顺水的直播也变得坎坷。面对这样的困境，珍珠哥决定采用更多其他的渠道进行销售。

> 他把原来开的多蚌珠，改成了巨无霸蚌，也就是一蚌一珠，珠子成色都不错。还分时段做"私人定制"，让粉丝自己选款式和配饰，他帮着搭配定制。并且珍珠哥接下来计划招人做内容、视频等，用来宣传自家的店铺。

任何行业，只要有成功的案例，必然就会吸引其他人来模仿。珍珠哥如果一直依靠直播来销售，很难在今后获取更多的销量。因此，珍珠哥选择了扩展更多的渠道来销售珍珠。其他的行业也是如此，不能把自己局限于一种渠道上，无论是演说还是销售，都要选择不同的渠道才能保障未来的利益。

第二章

销讲
凭什么这么火

　　销讲早已成为社会的必需品，各行各业、各个领域都需要销讲推动发展。销讲的七大核心价值决定了销讲能为世界、企业以及个人带来的价值。再加上销讲本身就是最高明的沟通技巧，具备高昂的行销艺术价值，会销讲的人在任何行业、任何领域都能成为核心领袖人物。因此，销讲不仅能够解放老板、让企业获得新生，还能强化销讲者的人际关系。只要能够熟练掌握销讲的六大系统，就可以让销讲者在企业以及自身的发展道路上一路畅通无阻。

这是一个人人销讲的时代

　　互联网让世界成为一个整体，不仅免除了地域之间的交流障碍，还使真实的线下与虚拟的线上紧密连接。一体化的世界，不仅扩大了销售市场，还使销售变得无处不在。无论是线上还是线下，无论是工作中还是生活中，懂得销售的人总会在不断与他人交流的过程中成为带动他人的"领头人"。

（1）人人都在销售

　　在国家政策的支持下，创业已经成为一件非常容易的事情。在这种人人都可以创业的环境中，企业家已经变得不再稀奇。反而，懂得销售的员工成了企业争相哄抢的对象。毕竟在当今的社会中销售无处不在，无论是虚拟物品还是实物，无论是知识还是情感，都变成了可以销售的产品。

> 　　正如《销售无处不在》这本书里所写："每一个岗位其实都在做销售，每一个职场人都需要学销售。即使你不需要向客户卖公司的产品，你也要向上司卖自己的方案，向下属卖自己的计划，向同事卖自己的想法，向协同部门卖自己所做的项目……每个人都需要别人，也被别人需要着，每个人都是'自己'这家公司最大的销售员。"

　　销售早已融入到人们的日常生活中。销售不仅仅是属于销售员的工作，企业的高管甚至要比一般的销售员更要懂销售。懂得销售的高管，才能把握员工的心理，让员工按照自己的意愿做事。同样，懂得销售的员工，才能打动企业的高管和自己的顾客，让企业的高管和顾客都愿意为自己的劳动成果埋单。这是销售的魅力带来的成果，会销售的人无论身处怎样的环境，无论处于怎样的地位，都能够凭借销售的才能打动周围的人，让周围的人愿意为销售的"产品"付出相应的"价值"。

（2）销售能改变世界

正因为销售无处不在，所以每个人都需要学会销售。哪怕有些人说自己不从事销售岗位、不接触任何销售员，所处的公司也没有相关的销售业务，也不能避免销售对个人产生的影响。会销售的人，总有化腐朽为神奇的力量，不仅能够快速赚取自己的利益、企业的利益，甚至能够改变人类的观念。

> 改变世界观念的经典销售案例就是"钻石"。钻石学名为"金刚石"，是深埋地下高温高压环境中天然结晶的矿物质。钻石本质上就是一块由碳元素构成的石头，最初的价值只是西方婚礼中不可缺少的"道具"。但是钻石却在后期被各个时代的"销售员"赋予了各种各样的意义。比如，成为权力的象征，英国皇室的王冠与权杖上都镶嵌着价值不菲的钻石；成为永恒的象征，"钻石恒久远，一颗永流传"这句来自DeBeers珠宝公司的广告语已经深入人心；成为爱情的象征，埃及人认为"无名指的血脉是直接引进心房的爱情之脉"，因此传言在无名指上佩戴钻石即可获得永恒忠贞的爱情……

现在没有人会去追究钻石是否真的有如此多的神奇功效，因为钻石权力、永恒、爱情等形象已经植根在每个人的心底。当然，钻石自己完全无法带来这种观念，带来这些观念的都是历代的钻石销售员。他们为了让钻石更加好卖、卖出的价值更高，编造了这些充满浪漫色彩的故事，并且成功地让全世界的人都信服。由此可见，懂销售的人会产生多么强大的影响力，甚至可以创造全新的观念、改变这个世界。

（3）销售前必须先学会销讲

从销售诞生以来，任何与销售有关的事物，都离不开人与人的交流。毕竟"销售"是由人产生，并且服务于人的一种行为活动。然而，虽然每个人每天都在进行各种各样的销售活动，但是并不是每个人都能称得上"最佳销售员"。因为大多数人其实还不懂销售。在普通人的观念里，销售只是向他人推销自己的产品。这种想法表面上并没有错，实际上已经过时了。在互联网时代，传播速度成了决定销售成败的主要因素，而能够在网络上快速传播的只有被称为"经典"的语句。也就是说，销讲已经变成比产品更有魅力、更有信服力的销售方式。

我的学员蒲津舟，他从事账务管理工作二十余年，并在2011年与同行资深的几位朋友合伙创办了成都识力德企业管理咨询有限公司。在经营公司的近七年的时间里，他为众多企业做过财务管理咨询服务，然而在这个过程中他看到过太多的企业主因为财务出问题而毁了公司以及自己的前程。尽管如此，他还是要为说服企业主规范企业财务管理而费尽周折。

在参加陈飞老师的销讲的课程后，陈飞老师的演讲激发了蒲津舟隐藏在内心的梦想："我要用公众演说的方式把财务管理的重要性传播到更多的公司、更多的老板那里，我想让更多企业主能够了解到财务管理的重要性"。在销讲的课堂上，他精彩讲述了财务管理的课题，并由此结识了不少企业家学员，而且都成了他的忠实客户；学习之后的一段时间，蒲津舟将销讲运用在业务推广之中，获得了很多企业主的高度认可。蒲津舟深刻认识到了销讲的价值，销讲让令他在日后的公司经营中如虎添翼。

人人都在做销售的现实也缔造了一个人人销讲的时代。无论是企业家站在舞台上的演说，还是普通推销员向顾客兜售产品，或者是通过直播平台在线上销售，都离不开销讲。销售人员要能够通过销讲展现自身的魅力、产品的魅力，让观众在短时间内被吸引并产生购买的冲动。但是，并不是每个人的演讲都能征服观众。枯燥无味地讲解产品的功能、产品的技术、产品的材质已经无法吸引观众了，甚至会让观众产生无聊、厌烦的情感。因此，无论面对的是一个人还是一群人，充满激情、充满诱惑力的销讲才能获得真正的销售上的成功。

销讲的七大核心价值

所谓的销讲，就是通过演讲的方式达到销售的效果。以定义来看，销讲很简单。实际上销讲能为企业和企业家带来的不仅仅是产品销量的提升，甚至还能带来更多意想不到的价值。

（1）销讲是吸引顶尖人才最快的方法

人才是每个企业都渴望得到的资源。由于人才是稀有资源，所以并不是每个企业都能拥有足够的人才。无论成熟的大型企业还是初创的小型企业，都在通过不同的手段招揽人才。在这些招揽人才的手段中，销讲是吸引顶尖人才最快的方法。

> 即便是乔布斯这样的企业家，面对人才的时候也会控制不住想要"挖墙脚"。最有意思的是，乔布斯曾经试图招揽过百事可乐的总裁约翰·史考利。更让人意想不到的是，乔布斯居然成功地把百事可乐公司的总裁"挖"过来当自己的下属！实际上，乔布斯招揽史考利的时候只说了一句话："你是想卖糖水度过余生，还是想一起来改变世界？"结果史考利就这么被乔布斯说服了，甚至高高兴兴地来帮乔布斯"打下手"。

乔布斯是一个了不起的企业家，同时也是一位精明的销讲家。他一眼看穿了史考利的"野心"，用一句话就吸引了这位顶尖人才。"卖糖水"是史考利当时的事业，虽然这个事业已经变得非常宏伟，但是远远不及"改变世界"的诱惑力。对于顶尖人才来说，他们需要的可能不是金钱、权力这些庸俗的东西，而是一种类似"改变世界"这样的更伟大的目标。只要抓住顶尖

人才的这种心理，语言上再加以修饰，就可以通过销讲来俘获他们的心。

> 我经常在全国各地演讲。每次演讲完都会有人成为我的学员、合作伙伴，甚至经常接到媒体采访的邀请。我记得在我第一次的"销讲系统"课程中，有一位学员叫陈俊，他是一名健康咨询师、健康公益讲师。他原来也是经常给他人做健康公益演讲。听完我的课程之后，陈俊拉高了格局、放大了梦想，不仅继续给他人传播健康理念，更重要的是他给自己定下目标：用公众演说的力量点亮一亿人的演说开关。目标的实现需要教练。于是他决定加入我的公司，跟随我一起在全国各地巡回演讲，一起影响和帮助更多的人。现在陈俊也成了我的天心学院讲师团的一位讲师，一直在为实现自己的目标努力奋斗。

这就是销讲的魅力。如果自己去找这样的人才会很难，而且要付出很高的代价。但因为我具备了销讲的本领，可以吸引人才主动而来。

> 还有一位郑玄老师——一位优秀的 80 后女性企业家代表。她之前在传统行业做印刷，工作一直非常稳定，平常空余时间比较多，打麻将就成了常态。有一次别人问她的女儿："你妈妈做什么的啊？"她说："我妈妈是打麻将的。"她当时就感觉很羞愧。但是郑玄老师听完我的课程后，找到了新的人生目标，于是直接成了我的导师班学员，工作和生活越来越充实，每周公益演讲有 3 场以上。现在她成了天心学院签约的亲子导师，也给自己定下了更大的目标：用公众演说的力量让一万个家庭更幸福。她经常说："陈飞老师是对我人生影响最大的一个人。"她的人生轨迹发生了变化，家庭也更幸福了，重新定位了自己的人生和事业，在家庭教育这条道路上会一直走下去。作为榜样妈妈，她把自己的女儿也送到我的课堂一起学习，成为年纪最小的演讲冠军。

当你学会了销讲，就可以吸引更多的优秀人才来到你的身边。

什么是领导力？

领导力就是用你的语言的影响力让一批比你厉害的人跟随你的能力。领导力的最高境界就是成为众人的精神领袖。

（2）销讲是招商、路演的必修课

企业的发展之路，必然要经历招商、路演这两个重要阶段。所谓的招商就是"招揽商户"。任何企业都无法独立发展，因此就必须通过招商将自己的产品发布出去，从而招揽商户共同发展。而路演则起源于证券发行推广，然而现在的路演普遍是指企业向他人推广产品、品牌的一种方式。无论是招商还是路演，都是企业从发展到成熟的重要过程，而这两个重要过程都需要用到销讲。销讲是招商、路演的催化剂。虽然销讲不是招商、路演的核心组成部分，但是如果没有销讲的辅助，企业的招商、路演只会变成枯燥无味的推广。因此，销讲是招商、路演的必修课，任何企业都不能忽视销讲在招商、路演中的辅助作用。

从我站上舞台做演说课程开始，我就经常告诉自己：用成果去说服。我先后走进上百家企业做招商、路演，包括微商企业、传统企业等，累计招商金额超过 5 亿元。我用自己的成果展现了销讲的魅力。招商就是一对多的批发式营销，倍增时间，倍增财富，你一定要学会这项绝世武功，拥有了这项本领就相当于拥有了一台自动印钞机。不仅我会这项本领，更重要的是在"销讲系统"课程中，很多企业家朋友跟我学会了这项本领，甚至可以实现单场招商几百万元。他们可以，相信你也可以。

（3）销讲是激励团队的最佳利器

销讲不仅可以为企业招揽人才，还是企业家激励团队的最佳利器。现在多数大型企业的企业家总会定期举办内部演说，或者在年会上进行演说激励员工。其实这种模式就是通过销讲来激励员工、激励团队的。企业家通过销讲直接激励团队带来的效果，甚至能够远远超过加薪、发奖金、升职等一般的激励方式的效果。

在 2015 年年底的年会上，联想 CEO 杨元庆为了激励员工"直面挑战"是这样说的："新的一年里，我们要从机制、从组织、从激励上，让我们的三大业务和若干新业务的领导班子，能够真正成为业务的主人，拥有对业务价值链端到端的管理权。我们要真正建立起面向客户的有充分职权、充分资源的超级产品经理制度。我们要用更开放的心态去支持内部创业，帮助有想法、有干劲的年轻人脱颖而出。公司的高级管理层，将张开双臂欢迎 80 后、90 后进驻。"

从这看似普通的激励语言中，仔细观察就会发现杨元庆对员工的激励在"公司的高级管理层，将张开双臂欢迎 80 后、90 后进驻"上。80 后、90 后已经成为目前大多数公司的主要员工，但是多数类似联想的传统行业的领导层依旧被 60 后、70 后的老员工"霸占"着。而杨元庆利用"管理层"这张"网"，兜住了 80 后、90 后的情绪，让他们看到自己未来晋升的机会。同时，杨元庆让年轻人上位的说法，也让少数占据"管理层"高位却不为公司付出的老员工感受到了"危机"。由此可见，销讲对团队的激励产生了巨大的作用。

我们公司有位 80 后优秀企业家学员代表王小军。他在广州经营自己的美容连锁企业，之前做的品牌是"水玲珑"，后面加入大爱者联盟，运营自己的原创品牌"御玫瑰"。经过系统学习和我们公司的协助，短短两年时间，王小军就从最开始的两家门店，做到现在四十多家御玫瑰美容连锁店。每月 1 号是御玫瑰公司的启动会，每次启动会王小军董事长都是站上舞台激励团队、设定目标，让团队充满战斗力和凝聚力。这就是用销讲的力量激励团队、激发士气，让团队人员把王小军当成企业代言人。所以，作为企业领导人，学会销讲就是我们的必修课。

（4）销讲是快速吸引粉丝的方法

无论是站在正规舞台上的销讲，还是私下一对一的销讲，或者说是通过网络相关平台展示给网民的销讲，都能够在最短的时间内吸引最多的粉丝。当然，销讲吸引粉丝还有一个重要的前提，就是销讲的内容要符合粉丝的"口味"。

销讲需要企业家能够把企业相关的产品或者服务，通过演说的方式展现给观众。但是大多数企业家都会走向这样的误区——拼命向观众展示产品的所有功能，有多少展示多少；尽可能地用各种普通人听不懂的专业词汇，有多少说多少。结果造成台上热血沸腾、台下昏昏欲睡的尴尬局面。其实能够快速吸引粉丝的销讲，不一定要为观众展示产品所有的功能，也不一定需要许多专业的词汇，最主要的是营造轻松的氛围、制造新奇有趣的内容。只有这样，观众才能耐心听完销讲的全部内容，进而成为企业销讲者的粉丝。

在移动互联网时代，得粉丝者得天下，掌握粉丝则掌握商业、掌握赚钱的核心。我为了打造自己的粉丝群体，大量地举行公益演讲，不论线上还是线下，你搜索 App "超级演说家"就可以收听我的线上语音分享，包括荔枝 FM "90 后演说家"，也可以收听到我的演讲。每个渠道都有自己的粉丝群体，每次演讲完都会有大量的粉丝被我的演讲所吸引，进而关注平台、走进课程。记得有一次，一位广州学员就是听了我的荔枝分享，千里迢迢飞到成都参加我的"销讲系统"学习。后面我也成立了自己的线上商学院"演说微课堂"。其实这些都是在吸引粉丝。正是越来越多的粉丝让我的演讲创造更多的价值。

（5）销讲是建立品牌最有效的途径

销讲的本意就是"通过讲解进行销售"，中间涉及沟通、演讲、销售等各种因素。如果企业家在进行销讲的时候能够使销讲的每个因素都达标，就能够将企业的产品作用或者服务内容传达给观众，进而在观众的心目中建立相应的品牌形象。目前，我国有很多凭借销讲建立品牌的企业家，比如李阳、罗永浩、宫雍等人。这些人的销讲已经在中国煽动了一半以上的人，哪怕是没听过李阳演讲的人，都知道"李阳疯狂英语"。因此，优秀的销讲才能成为建立品牌的有效途径。

（6）销讲能快速提升个人影响力

在互联网的带动下，企业家早已不是企业背后默默无闻的支持者，而是上升为企业的"脸面"。企业家的个人影响力，甚至能够提高产品的销售量，扩大企业的品牌效应。因此，无论是初创企业的创业者还是成熟企业的企业家，都要勇敢地站出来，用自己的魅力带动企业的发展。既然企业家的个人魅力有着如此大的作用，那么如何快速提升个人的影响力就成了多数企业家重视的话题。

想提高个人影响力，就必须尽可能地接触更多的人。但是企业家作为一个自然人来说，精力有限、时间有限，无法像普通的销售员那样直接进入市场。因此，销讲成为多数企业家快速提升个人影响力的最佳方法。一个人的成就永远大不过一个人的影响力，一个人能引领多少人就能有多大成就，也就能成就多大事业。人一生的终极追求就是影响力，而销讲就是影响力的放大器。

（7）销讲是通往成功的快速通道

企业家和销售人员非常相似，因为他们的成功都是通过"销讲"而来的。一场完美的销讲，不仅能够打开企业的市场、为企业带来巨大的销售效益，还能为企业招贤纳士，激发员工的动力。在企业家和员工都充满激情的时候，企业通往成功的通道就已经打开了。所以，销讲为企业带来的最终收益就是"成功"。

> 我的一个成都的学员李忠兵，做了20年的农业产品，在2015年开始运作自己的大米品牌。他做人努力、诚信，但事业却一直没有取得长足的进步。李忠兵在一次偶然的机会参加了"销讲系统"课程。在我分享了销讲对当今商业的重要性后，彻底颠覆了他传统的商业思维。他说："走南闯北那么多年，今天这一堂课彻底地让我明白自己事业停滞的根本原因。人，尤其是企业家，真的要不断地出来学习，把自己关在封闭的小圈子里，迟早会被快速发展的商业社会所淘汰。"于是他毅然决定加入我的核心学员群体——导师班。他不但自己学，还让女儿也跟我学习，他希望自己的女儿能在最年轻的时候就开始跟

随一个好的老师，去接受最实用、最前沿的智慧，可以把家族的事业更好地承担起来。在一次闲谈中，我问他学习销讲的原因，他说："我觉得销讲可以给我带来事业上的突破，可以让我的产品批发式地推广，比传统的店客模式快多了。"

事实就是如此，销讲的目的就是让你事半功倍，缩短你成功的时间。乔布斯、马云、雷军等都是不断通过销讲在推销自己的产品和公司，企业正因为有了会销讲的灵魂人物，才能在市场红海中脱颖而出。

销讲就是最高明的沟通技巧

销讲让企业家对企业的产品和品牌足够"坦诚"，在面对大众的时候能够针对产品进行高效的解说，进而让大众相信并接受企业的产品和品牌。可以说，销讲就是企业与大众之间最佳的沟通方式。

在具体实践中，销讲沟通的应用主要体现在以下两个方面：

（1）宣传推广

新产品发布会、产品营销推广活动、品牌推广活动等各种商业活动在企业经营中层出不穷。尤其是随着互联网的发展，路演、直播等活动俨然已经成为扩大企业品牌知名度和影响力的重要手段。在这些活动中，如果企业的发言人不会销讲，不但难以达成预期的效果，甚至有可能使消费者对企业的印象大打折扣。

> 蝶恋品牌服饰CEO，阿里巴巴全球网商十强之一的崔万志就是一个善于利用销讲宣传推广自己的品牌与产品的老板。2015年，崔万志参加安徽卫视《超级演说家》节目，用一场《不抱怨，靠自己》的演讲打动了无数人，并最终成为《超级演说家》第三季的亚军。
>
> 在《超级演说家》这个舞台上，崔万志把自己的创业故事说给大家听，让更多人认识了他，也认识了他的"蝶恋"以及他网店销售的旗袍。

销讲或许不是崔万志成功的核心因素，却一定是关键因素。因为崔万志的销讲能力出色，使得他能够站在台上和观众沟通他的梦想、品牌和产品。随着时代的发展，越来越多的企业家走到台前，靠着出色的销讲技巧为自己的品牌和产品代言，而这将是最具性价比也最有效的宣传推广手段。

（2）危机公关

任何企业在发展过程中，都不可避免地会遇到各种危机。不管是什么样的危机，如果处理不当，都有可能把企业推向"死亡"的边缘。而善于销讲的企业家，却能够在言辞之间化危机于无形。

通用汽车面临企业破产的危机时，通用汽车 CEO 玛丽·巴拉却通过销讲让企业"起死回生"。在 2014 年玛丽·巴拉上任前，通用汽车 2009 年就申请了破产保护，并且一直都没有摆脱困境。更可怕的是，在玛丽·巴拉上任的半个月内，通用汽车就开始召回有"点火开关缺陷"的问题汽车。通用汽车为了这个问题打了官司，向美国政府支付了 9 亿美元。再加上这个问题造成了 124 人丧生，275 人受伤，除了赔偿这些用户的损失之外，通用汽车还不得不召回 3000 万辆问题汽车。在通用汽车整个危机时期，虽然这些错误跟玛丽·巴拉本人并没有任何关系，但是她也毫不避讳地为通用汽车犯下的错误道歉。

玛丽·巴拉针对此次事件这样向大众说道："我不想置之不理，也不想敷衍搪塞，因为我觉得它暴露了公司的一些问题，要予以改变和纠正，我们就得挑战自己，这一点很关键。"随后，她还在公司的大会上对员工说："我绝不希望大家把这件事抛诸脑后。我希望这段痛苦经历永远留在我们的共同记忆之中。"

在玛丽·巴拉没有上任之前，通用汽车奉行的政策就是"沉默是金"。在长期的"沉默"之下，通用汽车始终只能在困境中挣扎。玛丽·巴拉的上任改变了通用汽车"沉默"的习惯，而是大胆地"讲"出了通用汽车的缺陷和曾经犯下的错误，并且针对这些问题她也提出了"要予以改变和纠正"的想法。这是一个擅长沟通的企业家对大众做出的"保证"，也是她站在企业家的角度对企业以及用户做出的改变。

　　由此可见，无论企业处在顺境还是逆境，都离不开出色的销讲能力。经营企业就是经营人心。当今时代，不缺有思想、有梦想、有产品的企业家，却缺少能够把自己的思想、梦想、产品推广给员工、消费者、经销商、代理商、投资者、媒体乃至一切利益相关者的企业家，而能够做到这一切的都是善于销讲的企业家。

销讲是最有价值的行销艺术

世界人口已经达到 75 亿，中国就占据了近 14 亿。也就是说每个企业在全球都有多达 75 亿人的销售市场，以中国市场为主的企业就有 14 亿人的销售市场。面对如此庞大的市场，站在企业销售的角度，行销就是有效的销售方式之一。但是企业该如何将自己的产品通过行销的方式有效地销售给 14 亿中国人，或者销售给世界上的 75 亿人口呢？这个问题的结果就取决于行销的艺术性。只有充满价值的行销艺术是每个企业都要关注的重点。

（1）行销与推销的区别

推销是所有行业千百年来经过长期发展最终形成的销售方式，但是这种传统的销售方式存在着许多缺陷。推销需要一个专员面对一个客户，并且需要足够聪明、灵活的推销员，能针对客户的需求进行分析、解读，最后用企业的产品来满足客户。虽然没有人对推销具有"针对性"这一优势做出任何反驳，但是"一对一"的模式同时也暴露了推销灵活性差、成本高的劣势。因为在世界拥有如此庞大的人口基数的前提下，推销"一对一"的特点很难让推销员把产品推销给更多的人，所以传统的推销模式已经无法跟上世界前进的脚步。再加上互联网将世界连接成为一个整体，让每个人都变成了销售市场的潜在客户，那么推销的"一对一"就会使企业的市场变得更加狭隘。由此可见，传统的推销已经无法满足多数企业的市场扩张。

所谓的"行销"，顾名思义就是"边行走边销售"。上门推销、街边摆摊、电话销售都可以划归为行销的范围。行销与推销不同，行销主要是一种"一对多"的模式。在大多数情况下行销的主要目的并不是"把产品卖出去"，而是为了"让产品变得更好卖"。为此，企业在安排行销人员之前，必定要对市场进行调查，了解客户的需求，对产品和品牌进行宣传等。在互联网为销售打通线上渠道的前提下，行销甚至还包括利用互联网上类似微博、微信、直播等媒介进行的销售。因此，行销比推销包含的范围更广、对技术的要求更高，但是也更能适应企业的发展和科技的进步。

（2）最有价值的行销艺术

互联网让销售市场实现快速拓展，也使企业间的竞争越来越激烈。企业间的竞争涉及利益竞争、销量竞争、产品竞争等各种因素，但是所有的竞争因素都会回归到客户竞争上。也就是说"占有更多的市场"，才是企业最主要的目的。而行销这种新颖、节省成本又有效的销售方法，完全可以让企业能够在竞争中占领先机。如果企业想利用行销成为行业中的"先行者"，就必须优化行销的方式，使行销成为企业的一门销售艺术，并让用户能够喜欢这门艺术。目前对多数企业来说，销讲就是最有价值的行销艺术。

吉尼斯世界纪录大全认可的世界上最成功的汽车推销员乔·吉拉德，就是一名懂得行销艺术的人。实际上，乔·吉拉德患有严重的口吃症。原本口吃症对销讲来说是一种可怕的缺陷，但是，也正因为乔·吉拉德的口吃症，才让他放慢说话的速度，并仔细倾听客户的需求。对于自己的成功，乔·吉拉德曾经说过："如果你想要把东西卖给某人，你就应该尽自己的力量去收集他与你生意有关的情报……不论你推销的是什么东西。如果你每天肯花一点时间来了解自己的顾客，做好准备，铺平道路，那么，你就不愁没有自己的顾客。"

收集情报、了解顾客、与顾客交流等，这些是乔·吉拉德做推销员时每天都要做的事。以现在的观点来看，这些已经不是单纯的销售，而是属于行销的范畴。因为他了解客户、明确客户的需求，还能针对客户的需求找出有针对性的产品。他从来不会在初见客户时就推销产品，只是通过销讲来征服客户，并且告诉客户"要跟乔·吉拉德买，他能保证他提供的服务"。无论最终客户有没有买他的产品，乔·吉拉德的态度都是"就算不跟我买，我照旧还是喜欢你"。乔·吉拉德在销售上的奉献不仅如此，他所做的一切都是行销的范畴，并且他的每一句有关销售的讲话都让行销变得更有艺术性。

　　乔·吉拉德是一位成功的推销员，也是一名聪明的行销专家。乔·吉拉德的销讲使行销变得更有艺术性，即使他现在已经跳出汽车销售行业，但是他的销讲没有停止。他还在利用销讲来行销，卖书、卖知识、卖自己……这些都是他销售的产品。正因乔·吉拉德懂得把销讲的价值体现在行销之中，才会获得如今的成功。由此可见，销讲是极具价值的行销艺术。

销讲让老板彻底解放

销讲的关键在"讲"，只有讲出内容、讲出道理、讲出客户的需求，才能完成"销"的目的。而且，销讲不仅能为企业带来销量，而且能够让老板在销讲中彻底解放。老板是企业的顶梁柱，总是承载着普通员工难以想象的压力，所以老板比普通人更渴望解放自己。

对于多数老板来说，解放自己并没有那么容易。哪怕企业越做越好，事业越做越大，销量越做越高，利润越滚越快……也无法缓解老板的压力。在多数情况下，企业的盈利都是建立在老板的自我牺牲之上的，老板可能要舍弃陪伴家人的时间、舍弃睡眠的时间、舍弃放松的时间，甚至舍弃自己的健康去换得企业的强大。但是，老板是企业的顶梁柱，老板绝对不能倒下，因此老板必须学会解放自己的正确方法——用销讲来解放自己。

> 吴富健是一家企业的创始人，也是中国辣妈创业高峰论坛成都站副站长、中国旗袍协会新都会会长。这样一位事业有成的女强人，自然顶着常人难以想象的压力。吴富健创业的内容与旗袍有关，她作为一个时尚事业者，一直希望能将中国传统旗袍文化传播发扬，而"销讲系统"的课程就给她带来了巨大的创业能力，并让她在创业中获得快乐、解放自我。她觉得："芭莎国际是以我创业、我努力、我精彩为核心的，是共同学习、共同成长的平台。我热爱旗袍、热爱这份事业，我将用我的一生来做这份事业，因为爱，我将与所有的姐妹们共同成长、共同学习、共同分享、共同绽放。虽然我的芭莎国际开办到现在只有短短三年的时间，但我十分爱我的芭莎国际，每次出席各种

大大小小的活动我都会穿上我的芭莎国际旗袍产品，因为它代表着真善美，代表的是中国文化，代表着中国的坚贞和不屈，代表着我们每一位女性。旗袍优雅、知性、美丽、大方、得体。芭莎国际的核心就是：持续地将大爱、时尚、优雅、帅气、阳光、和谐传递给天下每一位女同胞，传递给每一个家庭。这是芭莎国际这一辈子要坚持的信念。"

吴富健说："在后面的几次学习中，不但我的公众演说能力迅速提升，我更加意想不到的是，我在这里不但能学习落地的演说技能，还能找到很多志同道合的旗袍爱好者，一群美丽时尚的女性。"吴富健用销讲的力量，把一群同样喜欢旗袍的女性聚集在一起，她们一起成长、一起快乐、一起获得解放，因此吴富健才会觉得："我深深地感到，这个平台太棒了、太好了，这就是我想要的宝贵财富、人生大道！"

吴富健在偶然的机会中感受到了销讲的魅力，同时她也期望自己能像一名真正的销讲家一样站上舞台为中国传统旗袍演绎一段淋漓尽致的销讲，所以她选择了接受"销讲系统"的课程。但是，"销讲系统"这门课程带给她的不仅仅是舞台上的演绎，还让她结交了许多志同道合的友人、客户、合伙人，进而让她在管理企业的过程中获得轻松、快乐和幸福。因此，吴富健用销讲解放了自己，让自己在众多伙伴的支持下轻松做好事业。

为什么销讲系统可以让老板彻底解放？因为掌握销讲系统，可以让老板做到以下几点：

（1）有效传递经营理念，使之得到有效的贯彻

对于老板来说，不能获得解放的根源就在于，自己的经营理念无人理解、无法贯彻。因此，自己必须时时刻刻盯着员工，随时检查和纠正员工有违经营理念的行为。而会销讲的老板能够精准有效地向员工传递经营理念，并辅导员工行之有效地贯彻经营理念，进而解放自己。

（2）凝聚团队共识，让团队自动高效地执行，并达成目标

许多老板之所以无法获得解放，是因为团队执行力不高。而团队的执行

力来自于凝聚力。会销讲的老板通过销讲能量系统、销讲说服系统，有效地"贩卖"梦想，获得员工的高度认同，从而能够高度凝聚团队共识，让团队自动高效地执行，并达成团队目标。

（3）获得更多资源的支持

即使团队不让老板操心，有两件事老板也必须去做：找钱，找人。譬如，公司出现资金问题，老板必须去找投资人。这个时候，会销讲的老板可以很轻松地说服投资人进行投资，而不会销讲的老板即使找到合适的投资人也可能会因为不懂得如何"销售"自己和公司而错失良机，甚至由此让自己陷入混乱状态。

销讲是让老板彻底解放的绝佳武器。通过学习销讲系统把握整体的销讲方式，从修心开始培养积极的销讲信念，那么企业的老板就能够解放自己的心灵，让自己获得内在的快乐。在此基础上再提升自己的影响力，去说服、影响内部的员工，凝聚更多的合作伙伴，获得更多客户的支持。

销讲让企业获得新生

　　万事万物的发展都会有各种限制因素，如果不能突破限制，只能走上发展的下滑之路。企业的发展同样也会有各种各样的限制，如果不能突破限制、打败困境、获得新生，也很难在市场中超越其他竞争对手。

　　企业进入困境、发展缓慢的根本原因有两点。其一，权力与责任都集中在老板一人身上。老板成了最大的打工者，成了公司最苦最累的那个人。老板若不懂授权，责任和压力也就分散不出去，而一个人的力量是非常有限的，整个公司的兴衰系于老板一身，企业自然发展艰难。其二，没有打造好公司的文化和上下级的精神共同体。我常对企业家这么说：如果你认为公司是你一个人的，那么只有你一个人在为公司努力，员工只会把这当工作来做；如果你觉得公司是大家的，那么大家都会为公司努力，员工就会把这当事业来做。一群事业者和一群工作者所能创造的结果一定是不一样的。所以，打造企业的精神共识非常重要，可怎么打造呢？那就是销讲，企业家对外销讲卖价值——收钱，对内销讲卖精神——收心，通过销讲将公司上下的心紧紧捆在一起，让全体员工成为事业共同体，让大家自发地为公司尽自己最大的努力，同时用销讲合理地授权和分配责任，让整个公司不再是点式的核心运作，而是面式的体系化运转。大格局吸引小格局，大梦想吸引小梦想。普通人需要别人引爆，而领袖都是自我引爆。

　　胡兰木是我的一名优秀学生，她曾在2014年面临着公司破产的困境。她刚刚接触公司时，公司负债累累，员工有三个月没领到工资了，她只能尽可能地挽留员工。即使她拼尽全力，许多优秀员工还是离开了。然后，曾经害怕站上舞台的胡兰木，为留下的员工，上了她有生以来最生动的一节课。她拼尽全力维护公司、改变公司，终于让公司的情况有所好转。

胡兰木清楚地知道，现在想跨入其他的行业来改变公司，会给她带来非常大的压力。因为前期她没有去研究这些东西，就要从零基础学习，学习如何去演讲、如何讲PPT、如何和客户去沟通、如何去销售、如何做好一场招商会等。但是她遇到了我，报名学习了我的课程。我教会了她如何去完善公司运营的体系、如何去打造公司的全套资料。更重要的是，我教会了她如何通过演讲去激励员工的梦想、去宣传自己的产品。因此，胡兰木通过学习我的课程实现了一次蜕变，同时也让她学会了用销讲让企业获得新生。

学会销讲的企业家，不仅能为自己带来变化，而且能让企业获得新生。这些好处足以让销讲在这个竞争激烈的时代，成为企业制胜的关键。

销讲强化你的人际关系

社会上的人际关系错综复杂，而企业家想让企业能够长期生存下去，就无法逃避人际交往这一重要关卡。因为能在市场中处于有利地位的大型企业无一例外都有强大的人际关系。比如著名的集结了马云、马化腾、李彦宏等商业大佬的"华夏同学会"，不仅是这些商业大佬聚集交流的地方，而且是他们进行社交、强化人际关系的最佳场所。既然这些著名的企业家、销讲家都需要强化人际关系，远不如他们的这些创业者、销讲者，更加需要强化自己的人际关系。

利用销讲强化人际关系有三个关键的注意事项：

（1）注意寻找共鸣点

在利用销讲向他人"卖"自己的过程中，为了达到强化人际关系的效果，就必须找到彼此之间的吸引力所在，也就是共鸣点。因为在人际交往的过程中，只要从年龄、态度、文化背景、社会地位、兴趣爱好等各方面因素中找到一点相似性，并以此为切入点来增强吸引力、拉近自己与他人的距离，就能够让别人进一步了解自己。没有人愿意与自己不了解的人交往，当销讲者能让他人了解自己的时候，他人自然而然地就会愿意强化与销讲者的人际关系。

（2）注意自我介绍

自我介绍同样是销讲的一个重要环节，因为自我介绍是让对方初步了解你的第一步，也是让他人对销讲者形成良好印象的第一步。但是，很多人在进行自我介绍的时候容易陷入一个误区——花费大量的时间、精力进行事无巨细的自我介绍。实际上详细的自我介绍并没有错，而错在"花费大量的时间、精力"上。如果一名销讲者花十几分钟的时间来进行自我介绍，也就意味着听众要拿出十几分钟的时间去听这名销讲者的自我介绍。听众在这十几分钟的时间内并没有获得有意义的信息，他们反而会觉得销讲者没有好的内容，是在浪费时间，并对销讲者产生不好的印象。

最好的自我介绍应将时间控制在一分钟内。因此，销讲者必须要在一分钟内尽可能地把自己的重要信息，比如名字、特点、身份等展示给对方。如果有必要，销讲者还可以把自己的名片送给对方，辅助听众更好地了解自己。

（3）注意彼此的距离

销讲者与听众之间保持一定的安全距离，也是销讲强化人际关系必须注意的地方。安全距离对销讲者来说，是一个难以把控的点。如果在安全距离的范围之内，销讲者太过靠近对方，就会让对方情不自禁地产生危机感，并会让对方情不自禁地建立更高、更硬的心理"防火墙"；如果在安全距离的范围之外，销讲者离对方太远，则显得彼此之间太过生疏，会增大强化彼此间关系的难度。

对于社会上的人际关系，你扮演的角色不同，关系也不一样，例如：老板、员工、夫妻、儿女、朋友、同事等。不同的角色与不同的人沟通的方式和技巧也是不一样的。所以，针对不同的人去进行良好的沟通，就是一个"卖"自己的过程。卖好了，家庭幸福、子女成才、同事朋友关系融洽；卖不好，人人唾弃、敬而远之。良言一句三冬暖，恶语伤人六月寒。销讲的艺术决定了人际关系的好坏。

销讲的六大系统

销讲是每个企业家必备的重要技能。未来的企业家必须具备心理学家、社会学家、演说家、教育家的各项素质，而销讲可以辅助企业家朝着这个方向发展。成为销讲家的企业家必须了解销讲的六大系统：

（1）能量系统

销讲的能量系统能够让人具备卓越的领袖能力，不断地吸引身边的一切资源和人脉，并且将这些资源和人脉为自己所用。也就是说，销讲的能量系统关乎企业家自身的魅力对外界产生的影响。因此，任何想要提升自己销讲能力的人，都要从提升销讲的能量开始，逐步提升销讲对外界的影响力。但是，提升销讲的能量并不是只从自身出发，而是从销讲系统的五大核心开始。销讲的能量系统存在五大核心，分别为修心、境界、环境、人和状态。想要提高销讲的能量就必须从这五大核心入手，通过提高核心的能量而使整个能量系统得到进一步的升华。

（2）信念系统

信念系统能够帮助个人修炼强大的精神世界，并且能够影响个人以及周围的人的行为和命运，甚至还决定个人的成功、健康和幸福。信念系统包含了信念、价值观和规条。缺少任何一部分都不能成为具有完整的信念系统的销讲家。因为信念是一切的开始，有了信念才会有价值观，然后才会有动机、行为、结果等后续的东西产生。然而，目前多数企业家，特别是初创企业的创业者，总是会在自身的能力、机遇、资格上局限了自己。因此，为了成为一位完美的企业家和销讲家，就必须改变自己消极的信念，进一步升级自身的信念系统。

（3）说服系统

说服系统能够让人随时随地都成为影响力的核心，并且让员工、客户都团结在领导者的身边，让他们自动自发地付出和努力。也就是说，说服系统是销讲改变他人价值观的关键所在，同时说服也是学习演说的有效法门。从销讲的六大系统上来看，说服系统是体现销讲作用的主要部分。任何销讲的开端都是从说服自己、说服别人开始的，而且销讲的说服系统还会贯穿整个销讲的演说过程。

（4）销售系统

销售系统是让企业家、销讲家掌握赚钱的方法并复制给团队，从而使财富倍增的系统，同时销售系统也是销讲解放老板的关键。因为销售是企业获得利益的核心途径，无论是销售产品、销售知识，还是销售个人，都需要销售系统为销讲系统提供销售的机会。其中，销讲家的思路决定了销售的出路，无论是推销员还是企业家，都需要可靠的销售思维来支撑整个销售系统。

（5）发问系统

发问系统可以让人具备无与伦比的洞察力，用各种"问"的方式问出顾客隐藏的需求，从而将问题和抗拒解决在发生之前。而发问系统的框架就是八大黄金问句。

◎用"问"的方式问出产品的好处和卖点，问出顾客的渴望。

a. 您有没有出现站在舞台上脑袋一片空白，肚子里有东西却讲不出来的情况？

b. 您有没有遇到想讲的内容很多却思维混乱，不知道从何讲起的情况？

c. 您有没有遇到在公司开会，您在上面讲，下面的人听不进去，甚至倒头大睡的情况？

d. 您作为公司的领导者，是如何激励团队士气的？

◎用"问"的方式把这个产品塑造到无价。

a. 假如陈飞老师亲自手把手教会您如何从台上一分钟演说、三分钟演说到最后十分钟的演说，您觉得价值多少钱？

b. 假如陈飞老师教会您如何把话说出去、把钱收回来，教您如何招商引资，您觉得价值多少钱？

c. 假如您走进"品牌演说家"课程，可以更好地推动您的事业、找到更多的合作伙伴，您觉得值多少钱？

◎用"问"的方式与竞争对手作比较，解除顾客反对意见——预先框式（名人见证）。

a. 学习演说您是喜欢在台下随声附和，还是愿意亲自走上舞台突破自我？

b. 学习演说您是愿意单纯地学习理论知识，还是愿意不断地上台演练？

c. 演说就是先演后说，您觉得只是"说"比较好，还是打开肢体将"演"与"说"完美地相结合比较好？

d. 演说不在于老师讲得有多好，而在于课程能帮您能成为什么样的人，您是愿意跟着一位能够给你教练辅导的老师学习，还是愿意跟着所谓的大师学习呢？

◎用"问"的方式问出顾客的价值观。

a. 生命中什么对你最重要？

例如：当你想让员工制定更好的目标时，你可以问："你多久未回去见你爸妈，你要带什么样的礼物送给他们，那你这个月要定多少目标？"

◎用"问"的方式加大顾客的快乐和痛苦。

a. 假如您站在公司平台上通过演说复制更多像您这么优秀的成功人士，您觉得好还是不好？

b. 假如通过演说吸引到同行业的精英，您觉得好还是不好？

c. 假如您通过演说让员工觉得您字斟句酌，员工都很崇拜您，把您当精神领袖，您觉得好还是不好？

d. 如果通过"品牌演说家"课程学习可以让您也可以1个小时内轻松招商1000万元，您愿意走进来吗？

◎用"问"的方式给到他立即购买的理由，买就送，交全款，限时限量限优惠。

a. 您是一定要学还是必须要学？

b. 您是自己学习还是家庭一起学习？

◎用"问"的方式要求立刻成交。

a. 您是现金还是刷卡？

b. 您是现在把产品带回去，还是立即把产品带回去？

c. 交定金会吸引更多机会，您是交定金还是全款？

d. 您是一个很有诚信的人，您是用嘴巴刷卡还是用行动刷卡？

◎用"问"的方式要求顾客转介绍。

a. 您是有爱的人，您愿意帮助您身边更多的人吗？

b. 分享也是一种爱，您愿意将这堂课程分享给更多人，将这份爱传播出去吗？

只要能真正掌握这八大黄金问句，就能掌握销讲的整个发问系统。

（6）成交系统

成交系统是销讲能够快速使人获得利益的秘诀。任何企业、任何销售员都会面对客户带来的数不清的无效承诺，而只有有效的承诺才能带来真正到手的利益。成交系统就是促进客户快速成交的核心手段，也是企业能够获得最终利润的有力保障。

第三章

销讲能量系统：
能量决定销讲的气场

改变世界的并不仅仅是英雄而更多的是领袖。销讲能让人具备卓越的领袖风范，领袖的气场则来源于销讲的能量系统。销讲的能量系统从修心开始，提升销讲者内部的能量，让销讲者进一步在大格局中觉醒。然后，能量系统又能促使销讲者以充满激情与斗志的状态为他人创造价值，并通过"贩卖"梦想为自己创造价值。与此同时，能量系统还会让销讲者不断地学习，从外部找到提升能量的快速通道，进而让销讲者走进高能量的圈子。当销讲者的能量系统不断壮大的时候，销讲者的领袖气场也会变大。

修心：修炼自我，提升能量

伴随着经济与科技的飞速发展，人类的生活节奏也在不断地加快，同时快节奏的生活为许多人带来了工作上的压力。每个人都要在最短的时间内发挥出最大的自身价值，又要在最短的时间内赚到最多的利益来维持生活。在这样充满竞争与压力的环境之下，人很容易被各种外界因素诱惑，变得心浮气躁、心怀杂念。因此，要想提升销讲的能量，就必须要修心。站在销讲家的角度，修炼身心就是使自己达到一种内在平衡与自我完善的境界。

（1）心明、心善、心诚、心慈。

一位能够站在顶端的企业家、销讲家只要能够像修行那样潜心修心，并且能让自己在红尘中不受外界干扰，就一定能够通过修心做到心明、心善、心诚、心慈。

◎心明：只有心明的人才能分辨善恶是非。因此，心明是企业家、销讲家来挑选员工、解决纠纷、处理企业问题的必备素质。

◎心善：心善使人弃恶扬善，没有善心的企业家最终只会引领企业走向毁灭，并使自身毁灭。

◎心诚：心诚的人才会主动精进学修。所谓的精进学修，是一个不断修心的人进行自我完善的过程。社会在进步、企业在进步，因此人的心也要随之进步。任何企业家、销讲家都不能满足现状，而是要心诚地精进学修，让自己的心跟上时代发展的脚步。

◎心慈：心慈的人一定会"利乐众生"。所谓的"利乐众生"，站在销讲家的角度上来看，就是使每位员工都能处于平等的地位，获得平等的利益；使每位客户，不论大小都能从企业的产品中获得满足。

（2）阳明心学。

王阳明先生是中国圣贤传统中的最后一人，而他的思想理论也被广泛地运用在现代企业管理之中。

奥康国际董事长王振滔在王阳明心学的影响下曾说过："立志，是在告诫我们每一个人都应有远大的志向、伟大的理想、崇高的信仰。如此，就会使我们的生活成为有意义的积淀，我们的生活世界就会以这样的积淀为前提而跃迁，达到更为崇高的境地，我们生命的意义才有可能在这样的前提之下显现它自己的光辉。"

深受王阳明心学影响的京瓷集团的创始人稻盛和夫曾说过："王阳明先生在日本早已如雷贯耳，他的学说影响着日本社会，影响着日本明治维新的多为俊杰之才，也影响着一大批日本企业界人士。"

王阳明的心学离不开三大核心思想——知行合一、致良知、心即理。

◎知行合一："知"指的是人的"良知"或者"内心的感情"，"行"指的是人的"行为"。"知行合一"是销讲者必备的精神，只有遵守"良知"的销讲者才能在销讲中销售不好的产品，甚至进行错误导向。

◎致良知：王阳明提出的"致良知"最主要的含义就是将良知进行推广。也就是说，人不仅自己要具备"良知"，还要把"良知"推广到身边的人和物上。能够做到"致良知"的销讲者，必然拥有浩然正气，在销讲过程中不断地传播正能量，对他人施以正向引导。

◎心即理："心即理"这道哲学命题由宋代陆九渊提出，王阳明在后期进行了完善。"心"指人的主观意识和认知能力，"理"则是

自然和社会都必须遵守的规则。能够做到"心即理"的销讲者拥有较大的人生格局，思想更饱满，事业也将更宽广。

任何一个优秀的销讲者，必然都注重内在的提升。"修心"不但包含了个人精神力量的提升，而且还让心的力量变成了事物前进的动力。心乃万物之主宰，能量之本源，能够通过修心强大自己精神力量的人，就一定能够成为优秀的销讲家、优秀的企业家、成功的创业者。

觉醒：放下小我，放大格局

修心是进入销讲能量系统的第一步。通过修心提高自身销讲的精神力量之后，还需要通过觉醒把精神力量转化为演讲的动力。觉醒会让人放下小我，放大格局。当一个人在销讲的过程中，舍弃"小我"并时时刻刻把大格局放在核心位置的时候，这个人的销讲就能够直接撼动他人的内心。因为一个人的格局有多大，不仅决定了他内心的能量有多大，还决定了这个人销讲的能量系统能够蕴含多少能量。所以，一名优秀的销讲家，一定是一位放下小我并放大格局的人，也是一位在销讲的能量系统中彻底觉醒的人。

然而心怀大格局，并把大格局放入销讲中并不简单。除了舍弃小我以外，还要从"敬""静""格局"这三个关键点出发，才能真正将大格局融入个人的销讲内容中，并将大格局化为销讲的能量。讲企业文化，讲梦想，讲行业的价值感和使命感，领袖之间比的就是谁对未来更深信、更坚定。

（1）敬

所谓的"敬"就是怀有敬畏之心。因为只有心存敬畏，方能行有所止，方能心中无畏；心有敬畏才能头脑清晰，才能脚踏实地。当老板对行业有敬畏之心时，老板就能够率领员工在行业中踏踏实实地发展下去；当员工对老板有敬畏之心时，员工才能在企业中安安分分地做好自己的本职工作；当员工对产品有敬畏之心时，员工才能在市场中拼尽全力销售产品；当销讲者对销讲怀有敬畏之心时，才能站在舞台上时时刻刻为大格局着想。

（2）静

所谓"静"就是让自己安静，让自己的心安静。静能生慧，静能生智。企业家一定不能让自己时刻处于忙碌的"消耗"状态，要适当地静下来，去学习，去领悟，去思考，去接受新的思维和知识。这也是给自己"充电"的过程，与其无根无据地瞎拼，不如有根有据地精耕，只有收放自如、动静结合，才能良性循环，避免出现思维的断层和落伍。

（3）格局

所有人都熟悉烙饼，一个饼再大，也大不过锅。同理，一个公司、一个体系、一个团队、一个家庭就像饼一样，而公司、体系、团队、家庭的格局就像锅，多大的格局就能承载多大的体量。一个脑子里只想成为百万富翁的人，你期待他成为千万富翁基本是不可能的事，因为他的思维已经把自己固定在了百万富翁的标准里，他的一切行为、标准、思考模式只为这个标准而努力，所以能达到的高度也不过是这个标准而已。

马云最初建立阿里巴巴时就立志做世界级的企业。如果当时他只将目光定位在国内或者亚洲，那么阿里巴巴也不一定能有今天的成就。所以，企业家要有足够大的格局去引导和支撑公司的体量。

现代管理学之父彼得·德鲁克说："一个企业只能在企业家的四维空间之内成长，一个企业的成长被其经营者所能达到的四维空间所限制。"格局决定胸怀，成功者的背后都隐藏着大格局。大格局有大方向，不因为外界压力而改变；大格局有大气量，不被琐碎小事所牵绊；大格局有大志向，每一天都是一个进步的过程。

利他：销讲就是为他人创造价值

社会的进步、经济的发展、科技的创新是全人类共同创造价值带来的结果。有用的价值都不是站在满足个人需求的角度上创造的，而是站在"利他"的角度上创造的。因此，销讲的目的就是为他人创造价值。然而创造价值并不是简单地从技术、产品、知识上为客户带来满足，而是从修心的角度出发，由心生爱，以爱人之心为企业、为他人创造有效的价值。

（1）因爱而生

个人的成长伴随着父母的爱，成功之路上还有妻子或者丈夫的爱，同时爱也会作为一项宝贵的财富传给孩子。对员工、客户和其他人的爱是每个成功企业家必备的素质。站在员工、客户的角度上思考他们的需求并为他们创造价值，才能使企业走向成功；帮助需要帮助的人会让企业获得良好的声誉，并让企业能够长久地发展下去。

只有从爱出发，才会为家人、员工、客户以及需要帮助的人带来更多的价值，并因收获他们的爱为自己和企业带来价值。这就是"利他"的出发点，以及"利他"能为企业家带来的收获。

（2）心中有爱

能够为他人创造有效价值的企业家、销讲家，一定是一位心中有爱的人。同时，心中有爱的企业家也能够引领企业走向正确发展的道路，甚至在发展的过程中不断为他人、为社会做出更多的奉献。比如微软的董事长比尔·盖茨和著名的投资商沃伦·巴菲特在2010年联合发起"捐赠誓约"，在推动了慈善事业发展的同时，还鼓励更多的富人将财产捐赠给有需求的穷人以及社会公益事业。

"捐赠誓约"的联合发起人比尔·盖茨夫妇在 2010 年首次提出了该活动，鼓励富人们做出道德承诺——"贡献自己至少 50% 的财富给慈善事业"。沃伦·巴菲特做出了公开声明承诺"在有生之年和死后逐渐拿出自己 99% 的资产贡献给慈善事业"。Facebook 创始人马克·扎克伯格是最早投向"捐赠誓约"的富豪之一，他宣布捐赠誓言时年仅 26 岁。财经新闻公司彭博社的领导人迈克尔·布隆伯格，捐出了 1 亿美元给盖茨基金会用以根除疟疾和小儿麻痹症……

比尔·盖茨与沃伦·巴菲特的"捐赠誓约"目前已经获得了 600 多亿美元的投资，投资者不仅包含了美国的商业巨头，而且有来自澳洲、非洲、欧洲等地的 100 多富豪。中国的首位宣誓者则是蒙牛集团创始人牛根生。牛根生作为一位土生土长的中国企业家，能够做出这样的突破性决定，主要是因为他心中有爱。站在中国企业家的角度，要把自己经过大半生奋斗获得的财产捐赠 50% 给慈善事业，是一个非常艰难的抉择。但是，心中有爱的企业家则会选择为他人创造更大的价值。因为真正心中有爱的人，不仅会爱子女、爱父母、爱配偶，而且会爱员工、爱客户，甚至爱整个世界。有爱才会愿意付出，有付出才会创造更大的价值。

爱不仅是为他人付出，而且能够为他人、为世界创造更多的价值。由爱诞生的价值，不仅包含了技术价值、产品价值、企业价值，而且包含了许多不可估量的因素，比如企业家的善心，就像比尔·盖茨与沃伦·巴菲特的"捐赠誓约"一样。今后还会有更多的企业家为"捐赠誓约"投资，也会有更多的企业家会参与到"誓约"之中。因此，用爱创造的价值是一个可以不断延续的延长线，它会不断地让周围的人都变得有"爱"，并且不断地汇聚个人微小的"爱"，最终创造出有益于整个人类社会的价值。

我出身贫寒，从小就在想，长大了有能力了就去帮助那些需要帮助的人，为社会做一份贡献。2016 年，我给自己定下了一个目标：帮助 1000 位贫困孩子完成学业，资助他们从小学到大学的全部学费。同时，还要影响 1000 位企业家资助 1000 位贫困孩子。对于我的这个目标，刚开始没有太多人相信，他们觉得我只是一个年轻的创业者，一名 90 后，可能只是说大话而已。于是我用行动给所有人看：我陆续走进汶川、阿坝州去帮助那些贫困的孩子。现在得到捐助的孩子已经近 20 位，并且我会一直坚持将这份慈善做下去。2017 年我又给自己定下新的目标：我会用毕生的时间和精力捐建 99 所希望小学，放大自己的格局和慈善的梦想。对于慈善的梦想，不管别人相不相信，最重要的是自己要坚信，并且去完成。带着一份爱和使命从事一份事业，你内在的能量就会升起。

梦想：贩卖梦想，打动听众

以人心为起点，最能打动人心的关键词就是"梦想"。任何有野心、有追求的人都无法摆脱梦想的"束缚"。无论是身无分文的乞丐，还是身家上亿的富豪都有自己的梦想。有梦想并且在实现梦想的道路上不断努力的人，才能改变自身、改变企业，甚至改变世界。正如马云所说："改变世界的不是技术，而是技术背后的梦想。"有梦想的成功者，几乎都是通过销讲来贩卖梦想的，然后进一步打动听众，甚至改变听众的梦想。因此，企业家在进行销讲的过程中，总是离不开贩卖梦想的四种模式。

（1）拉高听众的梦想

如果一位企业家在讲完他的梦想之后，能够让听众拉高自己的梦想，并且让听众觉得自己原来的梦想并没有实现，或者梦想太小、太卑微，那么这位企业家的销讲已经获取了初步的成功。我总会对学员分享我的三个十年梦想：第一个梦想，三十岁成为演说家——用演讲的力量去帮助、影响和成就更多的人；第二个梦想，四十岁成为企业家——担当社会责任，打造民族荣耀的企业；第三个梦想，五十岁成为慈善家——建立慈善基金、贡献慈善爱心的同时，影响更多的人投身公益事业。我时常回忆自己的梦想并向身边的人传达。它可以激励我更快速地发展自己。更重要的是，当听众得知我的梦想的时候，他们会受到我的影响，为我的梦想所折服，愿意跟着我一起前进，因为我的梦想激发了他们更大的梦想。任何一个企业家都必须具备这样的能力，只有不断地拉高自己和周围的人的梦想，人生的高度才会更高。

（2）以梦想换取资源

以梦想换取资源，就是企业家能够在讲完梦想后获取别人的追随和认可，或者获得社会上的资源。以梦想换取资源是典型的贩卖梦想的模式，大多数成功的创业者在企业发展的初期，都会依靠这种模式来获取企业的发展资金或者企业需求的人才。成熟企业的企业家，也会采用这种模式进行自我宣传和企业宣传，进而获得更多的追随者，以及社会的普遍认可。

> 比如，李嘉诚曾对汕头大学的毕业生们说："小时候我的志愿是想做医生，也曾想过当大学教授而不是要做一个企业家。你们也许不知道，我曾想过多少次，如果像你们一样有机会上大学，我的一生又会如何呢？所以我很羡慕你们，因为我的梦想就是你们的现实。"

无论是靠贩卖梦想获取资金、人才，还是像李嘉诚那样靠贩卖梦想获得个人名誉和企业名誉，只要听众能被企业家所说的"梦想"打动，无论是初创企业的创业者还是成熟企业的企业家，都能够实现以梦想换取自己所需资源的目的。

（3）讲述梦想的收获

讲述梦想的收获是企业家在销讲梦想时必不可少的内容，因为有收获才能让听众看到希望，才会让更多的人被企业家的梦想打动。梦想的收获不仅包括了物质上的收获，而且包括了精神上的收获。梦想的收获可以是企业获得的利益、个人精神的升华、技术的创新、用户的好评等好的方面，甚至在实现梦想的过程中遇到的挫折、失败等也可以作为一种另类的收获进行反思。毕竟没有人能够在实现梦想的道路中一帆风顺，也没有人能够在避免挫折的情况下获得成功，偶尔讲述曾经的失败反而会给听众带来真实感。在某些情况下，企业家对失败的演说甚至比获得成功的演说更能打动听众。

> 阿里巴巴的董事长马云曾经梦想去酒店当服务员、梦想当警察，但是无一例外都被拒绝了。但是马云现在非常庆幸当年的梦想没有实现，如果他当时成功当上了服务员或者警察，可能就没有今天的阿里巴巴。当然，马云在创建阿里巴巴实现梦想的过程中也没有那么顺利，以马云自己的话来说："如果将来要写书，就写《阿里的1001个错误》。"

马云取得辉煌的背后经历了许多错误，但是他能够正确面对每一次错误和挑战，并且能从每一次梦想破灭中获取经验。梦想破灭对多数企业来说是发展中的必经之路，也是多数成熟企业和初创企业都害怕面对的。但是这样的经历会让企业显得更真实、更能够贴近大众，而且对多数人来说失败比成功更多见，因此讲述失败的收获常比讲述成功的收获更能打动观众。如果能将梦想失败的收获与梦想成功的收获进行有机结合，那么就能够带来更好的销讲效果。

（4）把企业家的梦想变成企业的梦想

要想把企业家的梦想变成企业的梦想，需要企业家在销讲的过程中不断地重复梦想，并且将自己的梦想复制给团队，复制给企业中的每位员工，最后把自己的梦想升级为企业的梦想。

状态：如何引爆自己的激情与斗志

　　无论是成熟企业还是初创企业，在安逸的环境中可能感受不到丝毫前进的动力，甚至会让企业丧失创新的契机。长此以往企业只会逐渐满足于不犯错误的现状，激情与斗志也会被消磨殆尽。因此，为了企业的长久发展、为了让员工能够维持良好的工作状态、为了让自己能够维持居安思危的状态，企业家必须学会利用销讲的能量系统来引爆自己的激情与斗志，进而带动整个企业的发展。你所拥有的一切和你自身的能量成正比，当自身的能量不足时，外在所拥有的一切都会变成负担。

　　决定销讲能量系统的关键因素就是"状态"，激发企业家状态的最好工具就是演说。在一般情况下，企业家演说的状态主要取决于活力、心态、激情、身体、健康、精神这六大方面。

　　◎活力：无论是在销讲的过程中，还是在平时的生活工作中，企业的领导者一定要维持活力四射的状态。无论是年轻的创业者还是成熟企业的"老牌"企业家，无论是初出茅庐的年轻"菜鸟"还是身经百战的年长"高手"，都要让自己保持年轻态。年轻并不代表"不成熟"，而是一种对自己、对事业的激情。

　　◎心态：善于修心的人都会拥有良好的心态。只要心态良好，就会自然而然地用积极的态度去面对身边的人和事。积极的心态除了能够给周围的人和事带来积极的影响之外，还能让企业家免除负面情绪的干扰，使自己的工作态度更加富有激情。正如乔·吉拉德所说的："我要微笑着面对整个世界，当我微笑的时候全世界都在对我笑。"

◎激情：百度董事长李彦宏曾说过："百度一直是一个有理想、有使命感的企业，这种力量激励着我们在座的每一个人，哪怕离开了这里，这样的理想和信念仍然流淌在他们的血液中。"激情源自于内心对梦想和企业对目标的追求，因此像李彦宏这样时刻把自己的梦想与企业的目标放在心头的人，总是不会缺乏激情与斗志。只有充满激情的企业家才能通过销讲激发团队的激情，并且让团队的激情有效地转化为生产的动力，进而提高企业的生产力。

◎身体：时刻保持身体的最佳状态，用身体的状态去影响精神状态和身边的事物。

◎健康：健康的身体是人类生活工作的根本，身负企业支撑者重任的企业家更应该注重自己的身体健康。但是，多数企业家却时常在工作中忽略自己的身体健康，比如谷歌前全球副总裁兼中国区总裁、创新工场创始人企业家李开复在2013年患了癌症。他随后查出患癌的原因就是"作息不规律长期熬夜以及压力过大"。因作息不规律、压力过大导致身体受损的企业家已经屡见不鲜，然而多数企业家却没有重视这些影响身体健康的因素，在生病后还继续过着作息不规律、压力过大的生活。像李开复这样经过漫长治疗能够康复的"幸运儿"非常少，多数不注重身体健康的创业者，都会在高压的环境下过早让自己走向生命的终结。

◎精神：销讲家的精神要足够专注，并且能够聚焦到正确的点上。因为一个人将注意力放在哪方面，就会在哪方面花时间和精力，也就会在哪方面有所成就。我经常会遇到一些学员，一会儿觉得这个不错去做做，一会儿觉得那个也不错去试试，看似参与了很多项目，但没有一件事能做深做透，所以这些人并没有将精神聚焦。尽管做的事多，但收益甚微。已经不记得有多少企业家曾找到我，许诺给我股份、身份、利益等筹码，让我去参与他们的事业，而我都拒绝了。因为我明白自己目前只能聚焦教育事业，我始终围绕着它转，这也是我能迅速将公司做大的原因之一。而一旦我的注意力发生偏差，分散焦点，那么肯定会对现在经营的事业造成冲击和损失。这是得不偿失的。好的项目有很多，但适合自己的并不多，把一件事做深做透，你就是佼佼者。

活力四射的状态是带给观众良好体验的前提，积极的心态是影响销讲者的内在因素，激情则是销讲者影响观众情绪的条件，身体、健康与精神则是销讲者自身的指标。只有指标合格的企业家才有站在舞台上的"资格"，只有能引爆自己的激情与斗志的人，才能在活力、心态、激情上都满足观众。因此，状态带来的正面能量，不仅能够促进企业家自身的发展，而且能够正向引导整个企业的发展。

能够快速促进自身发展、引导企业发展的企业家，一定能够让自己随时维持在巅峰状态。正如世界潜能激发大师安东尼·罗宾所说："如果我改变我的状态，我就可以改变我的结果，人处在巅峰状态下结果就完全不一样。"也就是说，企业家作为一名销讲家，同时也身为一名演讲者，必须随时保持巅峰状态才能影响台下的听众。当听众被企业家的演讲影响和激发的时候，就等于企业家的自身发展和企业发展已经前进了一大步。

学习：提升能量的快速通道

　　人类的发展历史总是离不开学习。从人类诞生开始，就在不停地学习，通过学习与自然共同发展，甚至改变自然。站在企业发展的角度，学习同样是企业家与企业共同发展、改变企业的重要方式。学习不仅能够让企业生产出与众不同的产品，而且能提升企业家自身的能量气场，进而使企业家的销讲变得更有影响力。因此，学习就是提升能量的快速通道。

　　从1993年就开始做服装行业的杨丽，就是一位不断学习、善于学习的创业者。她从摆地摊开始，到零售、批发，最后终于做了自己的品牌。20余年服装行业的经验与沉淀、独具特色的经营管理理念和品牌文化内涵使秀莎服饰成为集研发、品牌、设计、生产、营销、信息化于一体的现代化企业，企业以经营理念为灵魂，以为顾客解决问题为企业发展的原动力，建立起了围绕顾客需求进行研发、生产、销售的UE系统，并不断通过大数据运营改进、改善，促进发展，稳步自营，实践理念，立志成为中国最受顾客信赖的企业，同时成为员工最幸福、最引以为豪的企业。但是她在做自己的品牌的过程中也受到了极大的挫折，因为她只会埋头苦干，不擅长站在舞台上说话，也不擅长看前方的道路，所以对外界新鲜的事物知之甚少。销讲系统的课程，给她带来巨大的学习启发。她认为："走进这里学习，学习的三个月时间里我收获很大，我不仅站在台上说话，我还给我的客户灌输我的品牌理念，我不再像以前那样脑子一片空白。而且随着对演讲的深入学习，我不再像以前一样只是对客户说我想说的，我愿意说的，而不在乎客户愿不愿意听；现在我会考虑客户的感受，让客户喜欢听我说，让客户接受我的服装品牌，这些让我在客户群体中获得了非常好的口碑。"

学习让杨丽开创了自己的品牌，学习销讲系统让杨丽学会了与客户沟通的正确方式，进而让她的品牌获得了更好的口碑。因此，学习是杨丽成功的关键，也是销讲提升能量系统的快速通道。

（1）人是环境的产物

人类学习的内容是依据环境而定的，因为人本身就是环境的产物。当人类学习的知识积累到一定程度的时候，物质层面上的发展已经无法让人满足，精神和心灵上的追求成为人类社会的主流，进而人类就从自己的精神需求出发，为自身打造了独特的"人文环境"。

"人文环境"是人类社会在发展过程中形成的独特的环境产物。甚至在当今社会，由人类产生的人文环境对人类个体的影响远远超过了自然环境。多数人类个体从出生开始，就一直生活在特定的人文环境中，同时也在人文环境中学习特定的知识。好的人文环境能够让人静下心来认真学习，充满负面能量的人文环境则会让学习质量大打折扣。正如"孟母三迁"一样，孟子的母亲之所以会搬家三次最终选择在学宫附近安家生活，就是希望通过好的人文环境来带动孟子的学习热情。

（2）创造适合自己的学习环境

个人在学习过程中很难改变自己周边的环境，如果遇到不好的人文环境使自己无法安心学习的时候，不能急于把错推到环境身上，而是要去试图创造一个适合自己的学习环境。特别是那些成功的企业家，一定都是善于学习且善于创造适合自己学习环境的人。

2013年3月，"华夏同学会"这个神秘的组织第一次聚会，一辆载满"华夏同学会"成员的大巴在杭州出现。马云作为售票员，车上坐着马化腾、古永锵、刘永好、王健林、李彦宏、李东生、曹国伟等

"大佬"级别的企业家。实际上"华夏同学会"是长江商学院与中欧商学院最初开设的CEO班中的成员组成的，他们一年聚会两次，每次都会有一位"同学"做东，2013年3月的第一次普通聚会刚好是马云做东。万通集团的冯仑曾说："坐在华夏同学会的聚会现场，探讨的问题比所有媒体、商学院讲得都要深……以前好比去电影院观赏大片了，这里是实实在在听制片人介绍如何制作大片。"

由柳传志、马云、冯仑、郭广昌、史玉柱、沈国军、钱颖一、蔡洪滨、邵晓锋等九名企业家和著名学者等共同发起创办的"湖畔大学"，马云为首任校长，曾鸣教授为教务长。这个顶着"大学"名号的顶级私人会所里聚集了200多位知名CEO，可谓是工商界的大佬汇聚地，同时也促使"湖畔大学"成了工商界的"黄埔军校"。这所学校对各大企业家来说是梦寐以求的学习环境，校长马云宁愿缺席2016中国IT领袖峰会，也要去主持第二届开学演讲。由此可见，工商界的大佬们对"湖畔大学"的重视程度。

"华夏同学会"每一次聚会讨论的问题，都是从来没有在媒体上公开过的内容，甚至是许多企业大佬自身都没想到、只能从其他大佬身上学习的内容。对企业家来说，类似"华夏同学会"的环境不仅是重要的社交场合，也是最好的学习环境。"湖畔大学"虽然从严格意义上来说只是私人商务会所，但是正因为它汇聚了工商界的大佬，打造了适合企业家和行业精英学习的环境，才让许多人对这所"大学"趋之若鹜。虽然加入"华夏同学会"和"湖畔大学"需要付出昂贵的"学费"，但是对企业家个人来说，能学习到很多全新的内容，甚至这些新学到的内容还会改变一家企业未来的命运。因此，企业家自身的学习状况，不仅会影响自身的能力，而且会影响整个企业的发展方向，甚至决定企业的生死。

人文环境会对个人学习产生影响，学习是提升能量的快速通道。为自己打造优秀的学习环境，就可以获得更多的知识，进而以最快的速度提升能量系统带来的效益。

能量场：走进高能量的圈子

　　人是环境的产物，人从环境中学习，又将学习的内容回馈于环境。为了提高销讲系统的能量系统，就必须主动走进高能量的圈子，进而从能量圈中吸取能量，并将能量回馈给周围的人和物。

（1）环境改变个人

　　每个人每时每刻都在被身边的环境改造着，同时人们也在吸收着环境带来的"能量"。由环境带来的能量主要分为两种——正能量和负能量。

　　◎正能量的环境：当人身处充满正能量的环境中时，自然就会觉得安全、放松，并且还会觉得周围的人和物都变得充满善心、同情心和同理心，甚至觉得所有人都在支持着自己的决定。人在这样的环境中，会觉得比自己独处时的状态还要好，因为人会在环境中汲取正能量，使自己积极的能量有所提升。

　　◎负能量的环境：当人身处充满负能量的环境中时，就会觉得不安全、紧张，进而使自己处于长期防备的状态。因为在这样的环境里，人会一直觉得自己被吸取、被压榨被剥削，进一步导致自身的能量衰弱。严重的时候，甚至觉得自己的身体和精神都会非常不好，感觉自己是被周围的人和物挑剔、挑战和攻击的对象，最后导致自己产生"逃跑"的念头。由此可见，负能量的环境不仅不会提升自身的能量，反而会失去原有的正能量。

　　在正能量的环境中，人宛如得到进化；但是在负能量的环境中，人会惨如退化一般。正因为人时时刻刻都在被身边的环境改造着，所以环境的能量场才会对人产生如此大的影响力。生命中所有一切能加持自己能量的人、事、物，都要直接吸收，生命中所有一切能消耗自己能量的人、事、物，都要直接屏蔽。

（2）使自己被充满正能量的环境包围

人们无法决定出生时的环境，但是可以决定后天成长的环境。在周围的人无法提供正能量的环境的时候，就要自己学会跳出充满负能量的环境，自己走进或者创造充满正能量的环境。也就是说，每个人都要自己主动去拜名师、遇高人、交贵友，从这些人的身上获取正能量，进而让自己被正能量影响。

环境可以随着人的思想发生改变，而正能量同样源自于人的内心深处。正能量的能量场主要包含了付出、包容、帮助、进步等正向的感情，在这些感情的环绕之下，人才能取得进步、获得成功。

◎付出：当一个人愿意主动为别人付出的时候，别人自然会为这个人付出。同样的，在人人都在付出的环境之中，自己也会产生"为他人付出"的想法。付出不仅是为自己、为他人付出，还要为企业、为国家甚至为整个人类社会贡献自己的能力。有付出才有收获，付出的越多，收获的也会越多。而从来不付出的人，什么收获都不会有。

◎包容：包容是一门精湛的学问，只有真正领略包容含义的人，才会拥有宽大的胸怀。因此，学会包容的企业家，不仅能够包容他人，甚至能够包容整个企业、包容整个团队，这也是许多享誉国际的企业家必备的素质。如果一个人能够长期身处包容的环境中，自身的胸襟也会变得更加宽广。

◎帮助：帮助是企业能够渡过难关的要点。比如深受"三聚氰胺"事件影响的蒙牛集团，依靠牛根生在"华夏同学会"上的万言书获得了外界的大量帮助。柳传志连夜召开联想控股董事会，48小时之内就将2亿元打到了老牛基金会的账户上；新东方俞敏洪闻讯后，火速送来 5000 万元；分众传媒的董事长江南春也为老牛基金会准备了 5000 万元救急……除此之外，"华夏同学会"的其他成员都随时准备对蒙牛集团伸出援手。这就是环境能量场的力量，就是高能量的圈子能够带给一个人、一家企业的帮助。

◎进步：雨果曾说过："进步，才是人应该有的方向。"身处高能量的圈子里，没有人不想进步。进步是一种积极的态度，也是自身发展和企业发展的方向。销讲的目的也是为了让自己、让他人、让企业获得进步。

除了付出、包容、帮助、进步等正能量，激情、斗志、修心、利他等也是正能量场的一部分。也就是说，所谓的正能量场实际上就是能量系统的主体，也是维持能量系统的核心。只要企业家能够在销讲的过程中进入正确的能量系统，就能够通过吸收周围的能量提升自己的能力，进而决定了个人的销讲气场。

我自己在培训企业学员的过程中，也在打造以我为核心的企业家导师团。让每个人都可以像我一样站在舞台上侃侃而谈，具备收人收钱收心的本领。更重要的是大家共同形成一个强大的能量场、一个优质的企业家圈层，合作共赢，互帮互助。为此，我们创办了导师团的文化，打造落地、靠谱、幸福的学习平台，让导师团的每一位学员都成为中国最会说话的领袖型导师，用利他、成长、务实、教练、共赢的价值观去影响更多热爱学习、热爱销讲的企业家朋友走进这个圈子。爱一旦增加，一切即将改变。从创建之初，我们不忘初心，导师团越来越壮大，越来越多的有能量的朋友走进了导师团，通过学习让自己获益、让家人获益、让企业获益。

第四章

销讲信念系统：
影响力源自于信念力

信念、价值观和规条组成了销讲的信念系统，因此信念力可以决定人的思考、决策和行动，同时信念也是销讲者影响他人的开始。因为信念是一切的开端，只有通过正确途径形成正确的信念，才可以帮助销讲者树立正确的价值观，并为销讲者带来美好的结果。同时，信念还能帮助销讲者克服自身的恐惧，进而让销讲者的信念产生庞大的影响力，进而改变他人的信念、改变团队的信念、改变客户的信念。

影响他人先从影响信念开始

　　信念是梦想实现的开端。人在实现梦想的过程中首先要做的就是把梦想变成自己的信念。正如《信念：相信是万能的开始》一书中所写："一个人能否获得成功或财富，真正的秘密在于：我们如何在心中构筑梦想，然后，努力坚持让梦想成真的信念。记住，不管世界如何改变，不管苦难如何折磨，我们依然相信信念是安宁、强大、富足的发端，我们必须要有更强有力的信念。"

　　沃尔玛的创始人山姆·沃尔顿在企业发展的道路上一直都坚守着他的信念，才将一家小杂货铺变成连锁的百货商店。但是，山姆·沃尔顿为世界带来的财富不止来自于沃尔玛巨大的商业价值，同时还来自于他自身的"十大信念"。

　　信念一：敬业。山姆坚信："如果你热爱工作，你每天就会尽自己所能力求完美，而不久你周围的每一个人也会从你这里感染这种热情。"

　　信念二：所有同事都是合伙人，合伙人要分享你的利润。只有当同事都把他自己作为合伙人时，他们才能创造出超乎想象的业绩。

　　信念三：激励你的合伙人。仅仅靠金钱和股权是不够的。每天经常想一些新的、较有趣的办法来激励你的合伙人。

　　信念四：坦诚沟通。尽可能地同你的合伙人进行交流，他们知道得越多，理解得就越深，对事物也就越关心。

　　信念五：感激你的同事为公司做的每一件事。任何东西都不能替代几句精心措辞、适时而真诚的感激之词。

信念六：成功要大肆庆祝，失败也不必耿耿于怀。不幸失败，也不妨穿上一身戏装，唱一首歌曲，其他人也会跟着你一起演唱。

信念七：倾听公司每一位员工的意见，广开言路。第一线的员工才是最了解实际情况的。你要尽量了解他们所知道的事情。

信念八：要做得比客户期望的更好。如果你这样做了，他们将成为你的回头客。

信念九：为顾客节约每一分钱，这可以为你创造新的竞争优势。如果是高效运营，你可以犯许多不同的错误而仍能恢复元气。

信念十：逆流而上，另辟蹊径，蔑视传统观念。如果每个人都在走老路，而你选择了一条不同的路，那你就有绝好的机会。

这就是山姆·沃尔顿的看似简单的信念，但是这十条朴素信念确实在不断地影响着今后的企业家们。这些信念让多数企业家都面临着十年如一日的坚守问题。因为现在很少有人能够坚守自己的信念，所以山姆·沃尔顿的十条信念才会显得如此可贵。因此山姆·沃尔顿用他的信念，不仅让自己获得了成功，还影响了他的合作伙伴和员工，进而才让沃尔玛成为世界级的企业。任何企业家想用销讲影响他人的时候，都要先从信念系统入手，首先影响他人的信念，然后再通过改变他人的信念来达到自己的目的。

既然出生于乡下的山姆·沃尔顿可以用50年时间，凭借自己坚韧的信念将一间小杂货铺打造成世界最大的零售商场，那么任何有信念的企业家都可以凭借信念影响他人，进而获得自己想要的人才、资金等资源，并且也有机会创造属于自己的商业帝国。此时企业家的信念将会变成整个企业的信念，影响着自己的员工的同时，还会影响着自己身边的合作伙伴和投资者，并让他们甘愿听从自己的想法为企业付出更多。

信念形成的四个途径

销讲的影响力源自于信念，企业家的个人魅力也源自于信念，企业的成功也源自于信念。就如同马云所说："对一个企业负责人来说，坚定的、必胜的信念最重要。"但是对多数人来说，信念并不是天然形成的，而是通过别的途径形成和积累起来的。站在多数成功企业家的角度来看，他们形成信念的主要途径有四个。

（1）本人的亲身经历

能够形成最强信念的途径就是本人的亲身经历。虽然通过教科书、他人的教诲、影视资料等方法都可以获取一定的信念，但是这些信念来源远远不如本人的亲身经历来得真切。正所谓"看万卷书不如行千里路"，亲身经历带来的感受最容易成为一个人终身的信念。

（2）观察他人的经历

美国新行为主义的代表之一、社会学习理论的创始人阿尔伯特·班杜拉认为："观察别人并非亲身经历的强化，可以替代亲身经历的强化，进而让人通过观察学习，这种强化就是替代性强化。"因此，任何人都可以通过观察他人的经历，并通过自身的转换和吸收，进一步形成自己的信念。

（3）接受信任之人的灌输

从外界渠道获取信念的途径，除了自己去主动观察他人的经历之外，还可以通过接受信任之人的灌输来形成信念。由于父母、兄弟姐妹、妻子、丈夫等角色是多数人的成长过程中的"亲近之人"，因此多数人也会把扮演这些角色的人当作"信任之人"。这些"信任之人"灌输的信念对企业家来说也会产生巨大的影响，不仅会影响企业家个人的品行，而且会影响到整个企业未来的发展。

> 1993 年诺贝尔奖获得者美国黑人女作家托妮·莫里森，出生于俄亥俄州洛雷恩的一个贫困家庭。正因为家境贫困，莫里森 12 岁时每天放学后不得不去别人家里打零工。某一天，莫里森因无法忍受辛苦的工作向父亲抱怨了几句。她的父亲听了之后对她说："听着，你并不在那儿生活。你生活在这儿，在家里，和你的亲人在一起。只管去干活就行了，然后拿着钱回家来。"
>
> 虽然父亲的话非常简单，但是对莫里森产生了巨大的影响。从那之后，莫里森还为各种各样的老板打过工，不过她再也没有抱怨过工作的辛苦。莫里森在后来的回忆里说，从父亲的这番话中，她领悟到了人生的四条经验：第一，无论什么样的工作都要做好，不是为了你的老板，而是为了你自己；第二，把握你自己的工作，而不让工作把握你；第三，你真正的生活是与你的家人在一起；第四，你与你所做的工作是两回事，你该是谁就是谁。

托妮·莫里森的父亲说过的几句简单的话，成了影响她一辈子的信念。这就是信任之人的力量，也是信任之人灌输信念带来的影响。在除去自己以外的其他人群中，只有信任之人灌输的信念，才有可能成为影响企业家、销讲家一辈子的信念。而这一点是任何陌生人、不信任之人、不熟悉的人都无法做到的。

但是并不是所有信任之人都会向企业家灌输正确的信念，因此除了家人之外，一定要慎重交友、慎重拜师。因为这些人灌输的信念很有可能对企业家产生一辈子的影响，而企业家的信念又会对整个团队、整个企业产生影响，所以一定要慎重选择可信任之人，并接受真正信任之人灌输的信念。

（4）自我思考做出的总结

对多数人来说，信念绝对不可能发生改变。但是绝对的信念也让多数人在面对现实的打击之后产生了迷茫。因此人必须要在遇到困难和打击的时候

进行全面的反思，并且自我思考做出总结。

当当创始人李国庆曾发表过题为"自我批判"的演讲。他在演讲中提到："如果对过去十六年没有很多的反思，很难对未来有更多的描绘。中国的图书是 700 亿元，如果把中小学的教材、教辅等拿掉，就剩 360 亿元。当当很幸运，奋斗了 16 年，终于卖了 100 多亿元，30% 左右是当当一家卖的。不幸的是，很多创新都不是我 16 年前想做的事，主要原因是：第一个五年和淘宝竞争，第二个五年和亚马逊竞争，第三个五年是和京东竞争。我那点财力都浪费在价格战上了。16 年前，我们拿着 PPT 到处向书店和出版社演说。当时说的好像没实现几条。比如我们那时候大肆说，你的库存将会有更好的销售渠道。后来我一想，这 16 年我们流量也不稳定，好像不但没有消化库存，还制造了很多库存。"

李国庆思考经营当当 16 年的总结，对自己把"那点财力都浪费在价格战上"进行了深刻的反思。正因为有这样的思考，他才能意识到自己的错误，才能意识到自己现在的信念与"16 年前"相违背。随后李国庆就针对他所犯下的错误进行了修正，准备将当当引到做"精品百货"的正确道路上，并且确定了当当以后准备使用"图书 + 文创"模式来吸引更多的客户。由此可见，自我思考做出总结对个人的信念形成同样也起到了至关重要的作用。过去发生的所有事情与获得的所有经验，经过个人的反思和总结同样也会形成终生难忘的信念，并且这种信念也会为企业未来的发展做铺垫。

销讲者应有的信念

　　一名伟大的企业家，同时身为一名销讲家站在演讲者的角度上，必须传递给听众坚定的信念。因为一个没有坚定信念的演讲者不可能获得听众的信任和认可，所以企业家在演讲的过程中必须坚持自己的信念，并将自己的信念准确传达给听众。

　　著名的励志演讲家尼克·胡哲，1982 年 12 月 4 日出生于澳大利亚墨尔本。原本新生命的降生对父母来说应该会充满喜悦与幸福感，然而尼克的降生却给他的父母带来了巨大的冲击。因为尼克·胡哲一生下来就患有"海豹肢症"，没有双臂和双腿，只在左侧臀部以下的位置有一个带着两个脚趾头的"小脚"。尼克的父亲看到天生残疾的尼克直接跑到病房外呕吐，尼克的母亲甚至不敢抱他，直到尼克 4 个月大的时候他的母亲才敢碰他。天生没有四肢的尼克虽然与普通人相比是不幸的，但是他的父母都希望他能够像普通的孩子一样生活和学习。尼克曾说过："父母和所有亲人都很疼爱我。我天生与别人不同，但他们却从没提起过我的身体异于常人。在五六岁时，我知道自己没有手脚，然而我真的认为没什么大不了。"

　　但是父母与亲人的爱并不能一直保护着他，直到他到了上小学的年纪，父母把他送到了当地一所普通小学读书，而不是残疾儿童学校。在普通小学里失去父母保护的尼克受到了同学们的欺负，然而他无法还手，从此尼克开始变得越来越消沉。在 8 岁的时候，他向他的母亲大喊"我想死"。在他 10 岁的某一天，他试图把自己淹死在浴缸里，但最终还是失败了。他的父母并没有放弃，他们一直鼓励着尼克，试图让他充满希望，尼克也因此逐渐交到了朋友并变得更加勇敢、更加快乐、更加自信。

尼克 19 岁的时候开始了他的演说之旅。第一次获得演说的机会，是尼克自己主动向学校销售他的演说。但是这场演说并不顺利，在被学校拒绝 52 次之后，他才获得了 5 分钟的演说机会。然而他凭借 5 分钟的出色演说打动了台下无数的人，并且拿到了 50 美元的报酬。自从尼克开始他的演说生涯之后，他的每一场演讲都会向观众们讲述他人生的点点滴滴和他在成长过程中走过的坎坷之路，更多的是向观众展示他乐观、积极向上的精神与幽默的生活态度。正如尼克·胡哲自己所说："认为自己不够好，这是最大的谎言；认为自己没有价值，这是最大的欺骗。成功不靠条件，只靠信念。"

尼克不仅用自己的演说影响着观众的信念，也在用他的行动来让观众感受信念的力量。因为尼克在每一次演说中，都会自己主动倒下并且向所有观众示范一位没有四肢的人是怎样站起来的。尼克虽然不是每一次都能一次性地成功站立，但是他总会一次又一次地不断尝试直到站起来为止。他不怕观众看到站立过程中的艰难姿态，也不怕观众对他没有四肢的身躯投来好奇的眼光，这就是尼克的胆识。

过人的胆识再加上尼克在艰苦中磨炼出的惊人口才，成就了尼克的演说之路。因此，胆识、口风也是每位销讲家必备的素质，只有放开自己、热爱"丢脸"、不断开口，才能做到"脱口而出"。因此，无论是企业家还是未来的演说家，为了销讲者应有的信念，都要大声说话，学会用眼神表达，学会使用面部表情，学会使用肢体动作在舞台上展示自己，并使自己的演说越来越好，使自身的能量气场越来越强，使自身的信念越来越坚定。

恐惧销讲的九大原因

企业的诞生都伴随着企业家艰苦的付出，同样没有哪个销讲家是天生适合在舞台上演说的。对于多数销讲者来说，总是要经过漫长的磨炼才能把自己打造得与演说舞台更加契合。而在磨炼的过程中，总会遇到挫折和失败，进而让许多人恐惧销讲，甚至产生退缩的念头。站在初登舞台的销讲者的角度来看，对销讲的恐惧多数来自于以下九大原因。

（1）不自信

不自信是恐惧销讲的根源，同时不自信也是人性的弱点。很少有人天生就能够自信满满地做所有的事情，那些自信满满的人也时常会被社会上的挫折打败，同样变得不自信。这就是人性的弱点之一，没有人能够逃避这样的弱点对自己产生的影响，但是所有人都有机会去改变这种弱点。而改变"不自信"这一弱点的首要目标，就是让自己变得"自信"。

郑畔作为一名专业从事各类水处理设备的经营与销售的企业老板，对自己非常不自信。特别是 2015 年他在四川一场招商会上的失败演讲，彻底把他打入了恐惧的深渊。后来，郑畔经人辗转介绍听了"销讲系统"的课程，学会了正确的销讲方式，从此打开了新的销讲大门。郑畔曾说："我的进步非常迅速，很快就突破演讲的恐惧，上台讲话不再害怕，无论是公司开会还是对外招商，我都能游刃有余。"2017 年 2 月 19 日，郑总再次做了一场水圣科技招商会，当时现场成交金额高达 549 万元。成果不会说谎，这些就是销讲带给他的改变。

郑畔从"销讲系统"的课程中获得了自信，因此他克服了销讲恐惧，进而让自己和企业共同得到了升华。无论对个人来说还是对企业来说，自信都非常重要。自信的人不一定会获得成功，但是获得成功的人一定非常自信。因此，自信能够促进成功，促进自我发展，帮助个人避免许多负面能量的干扰。同时，自信也是一种积极信念。无论是在工作上、人际交往中，还是演说的过程中，自信这种信念一直都是支撑着企业家完成自己梦想的重要能量来源之一。

（2）没有经验

没有经验对初登演说舞台的新手销讲者来说是最可怕的死穴，甚至许多成熟企业的企业家在初次登上舞台的时候，都会因为没有经验而手忙脚乱甚至产生恐惧。像周鸿祎这样的成功人士初次登上舞台时，也准备了一沓厚厚的演讲稿，最后却在限定的时间内无法讲完重点内容，这样的销讲者大有人在。但是像周鸿祎那样有幸获得高人的指点且不畏惧再次站上舞台的人却非常少。因为没有经验时常会造成第一次的失败，甚至会造成第二次、第三次的失败，在经历过几次当众失败之后，人的勇气就会被磨灭，进而害怕登上舞台。

然而经验是经过漫长的时间积累获得的，没有人天生就是经验丰富的老手。如果在舞台上因为经验的缺乏失败了一次、两次、三次，甚至更多次之后，就对销讲产生恐惧，那么企业家也会在企业今后的运营中无法面对企业项目失败的挫折。因此，不能因为没有经验而害怕站在舞台上，害怕面对失败和挫折。所有的销讲者都可以在失败的演说中获取经验，正如企业家同样可以在失败的项目中获取成功的经验一样。只要能够不停地反复演说，再通过专业的培训加强自己的销讲能力，就能够克服缺乏经验为销讲带来的困扰。

（3）完美主义

完美主义者时常无法容忍自己犯下的任何错误，因此过分追求完美的人是最害怕犯错、最容易出现恐惧心理的人群。追求完美实际上是一种正常的心态，但是过分追求完美的人会对自己要求非常苛刻，甚至无法忍受他人对自己的批评和指责。然而作为站在舞台上的销讲者，没有人可以做到完美无缺、不犯任何错误。哪怕是停顿时间过长、忘词等小错，都可能成为压垮完美主义者的"最后一根稻草"，进而让他们恐惧销讲。

完美主义是一个优点，同时也是一个陷阱。因为真正追求完美主义的人会勇于挑战自我，过分的完美主义者才会胆小、会害怕犯错。所以，销讲者一定要做真正的完美主义者，而不是进入完美主义的"误区"。

（4）失败的经历

不是所有人都能够像尼克·胡哲那样被别人拒绝 52 次之后，还能够坚持不懈地坚持自己的演说之路。大多数人在经历过两三次的失败之后，基本上都会选择放弃。虽然因为有过失败的经历而产生恐惧心理是人类的正常心态，但是作为一名成功的企业家和出色的演讲者，必须要克服因失败而产生的恐惧。

演说中总会出现意外，可能会忘词、说错话、被观众嘲笑，还可能像周鸿祎第一次演说那样被主持人追着赶下台。虽然对正常人来说，这些当众失败的尴尬场景都不想再经历第二次，但是身为一名销讲者就必须强迫自己去面对这样的场面，并且要尝试主动对自己发起一次又一次的挑战，进而克服恐惧失败的心理。

（5）放不下面子

多数销讲者在初登舞台的时候都会放不下面子，害怕自己在公共场合犯错，害怕观众会嘲笑自己。放不下面子是影响销讲者演说效果的最大因素，也是限制销讲能量场的负面能量。

实际上，"放不下"这种负面能量的根源就是"不自信"。因为觉得自己长得不好看、气场不够强大、语言不够流畅、声音不够洪亮等，所以才会放不下面子。而这些让人放不下面子的因素，归根到底就是对自己不够自信。因此想要放得开，就必须让自己变得更加自信。但是自信并不是决定"放得下面子"的全部因素，他人对销讲者负面的评价可能也会让部分销讲者产生"放不下"的负面能量。为了屏蔽外界的负面评价对自己的影响，销讲者必须要从修心系统出发，让自己能够心平气和地面对所有的负面评价，然后再树立坚定的信念，就能够让自己彻底"放得下面子"。

（6）准备不充分

对演讲内容的准备不够充分也是销讲者恐惧销讲的原因之一。内容准备得是否充分，与销讲自身的能力和经验有很大的关系。有的销讲者，虽然会准备许多有用的内容，甚至会准备上百页的演讲稿，但是还是会在演说中失败。因为能力只能决定销讲者为观众展示的内容以及销讲者能够为观众带来的利益，然而多数有能力的销讲者却不能真正用自己的信念影响观众，也无法正确面对演说过程中出现的各种"意外"。有经验的销讲者，能够凭借自己的经验来应对舞台上的意外，甚至为可能出现的意外提前做准备，进而使自己的销讲影响更多的人。

机会永远会留给有准备的人，销讲也同样如此。只有在台下准备好充足的内容，针对每一次演讲中所犯的错误都能吸取经验教训，并在下一次演说前做好预防措施，由于准备不充分引起的恐惧感自然就会消除。经过长期的坚持，演说前的准备工作不仅能消除恐惧，而且能使销讲者的演说变得越来越好。

（7）听众人数

台下的听众人数时常与销讲者的恐惧程度成正比。听众越多，销讲者越容易紧张、害怕，甚至在做足充分准备的前提下还是会犯意料之外的错误。这是人的正常心理现象，因为在听众多的场合中，心里一定会产生压力和负担。多数压力和负担都来自于销讲者害怕自己会在演说过程中犯错，这样就会让更多的人看到自己犯错的场面。毕竟不是每个人都有尼克·胡哲那样的勇气，在听众面前自己"倒下"并且一遍又一遍地演示"爬起来"的过程。大多数人在人多的公共场合自然会紧张，因此需要鼓起勇气挑战自己，让自己有足够的信念和信心面对紧张的情绪。

（8）陌生听众

陌生的听众也会引发销讲的恐惧。对于很多人来说，在熟人面前讲话与对陌生人对话的感觉和态度是完全不同的，销讲家也同样如此。在熟悉的听众面前进行演说往往会更自然，压力也会更小，并且更放得开。然而，在一群陌生人面前，许多销讲家都会自我束缚，还会变得非常紧张。

在华师大教"教师口语"的周宏老师曾给学生布置过这样的作业——去20人以上的陌生教室做一次3分钟演说。在演说前，学生不能向这些陌生人说他们是在"写作业"。可想而知，一群演说经验、沟通经验都不充足的学生在陌生的教室演讲，自然会受到许多人的冷嘲热讽。但是，周宏这样告诉自己的学生："有些苦恼是绕不过去的，害怕什么就要尝试什么。"

在周宏看来，教师就是应该能在陌生人面前进行演说，并且能够表现得如鱼得水。这不仅是教师需要具备的素质，同样也是多数企业家、销讲家都要具备的涵养。在演说的道路中，因陌生听众而产生恐惧是所有人都无法避免的，既然无法避免那么就要去正视它，并在不断尝试的过程中克服这种恐惧。

（9）"高人"在场

不仅听众多会给人带来恐惧，听众的身份地位也会给销讲者带来压力。特别是当台下的听众在社会上的身份、地位都比销讲者要高出许多，或者台下听众的知识比销讲者还要丰富时，这些"高人"在场时常会给销讲者带来压力和紧张感。

因"高人"在场而恐惧销讲的根本原因有两种：第一，销讲者不够自信，害怕"高人"看出自己的破绽；第二，销讲者把人的社会地位看得太重，修心不到位，不能用"众生平等"的眼光看待每一个人。因此，克服"高人"在场带来的恐惧感还是要从自信心抓起，提高自信的同时还要注意修心，让自己的心态放松、放低，进而能够与每一位听众建立良好的关系。

如何快速改变信念

　　人类能够突破自己的根本原因就是能够改变自身的信念。当一名销讲者对销讲产生了恐惧感之后，就必须快速改变自身的信念。因为信念是打败恐惧的有力武器，也是让销讲者更加自信、成熟的最佳道具。充满信念的销讲者，无论面对怎样的观众都能够提前做好准备，充满自信地进行演说，并且能够从容地面对舞台上出现的任何意外状况。作为一名销讲者，可以从破框法和换框法两个方面来改变自己的信念。

　　（1）破框法

　　任何人在面对困境和压力的时候都会产生巨大的恐惧感，信念薄弱的人就会无法面对当前的困境和压力。因此，当眼前的困境和压力大于信念的时候，就要尝试使用"破框法"，打破"应该如此""托付心态""没有办法"这三个局限信念系统的思维，进而让自己的信念能够进一步突破现有的层次范围。

　　◎应该如此：这个世界上没有人能够真正"通晓万物"，也没有人能够预知一切未发生的事，或者改变已经发生过的事，因此所有发生了的事都是应该发生的。没有人有资格坐在原地怨天尤人，因为每件事都是"应该如此"，所以所有人都应该接受并根据现有的状况做最好的配合。

　　◎托付心态：所谓的"托付心态"实际上就是过分依赖他人。所有人都是通过依赖他人成长起来的，小的时候依赖父母的喂养，在学校依赖老师的教导，工作后依赖同事的帮助……然而过分的依赖会让个人的信念产生动摇，甚至会磨灭个人的信念。因此，每个人都应该尽力照顾自己的人生，只有不假他人才能让自己变得独立，并且让自己的信念变得更加强大。

　　◎没有办法："穷途末路，没有办法"是很多人面对困难时选择退缩的理由，也是为自己薄弱的信念系统找的借口。实际上，问题是人发现的，办法也是人想到的，这个世界上不存在无解的问题，只是暂时没有找到答案而已。曾在多个欧美跨国集团和上市公司担任高层管理职务的李中莹老师在《重塑心灵》一书中写道："凡事有至少三个解决方法，我总有选择。"

对自己现有的水平"认命"绝对不是一位销讲者应有的素质，更不是一位成功者的品行。只有打破自己现有的信念框架，才能让自己真正摆脱"命运"的束缚，并且使自己和周围的人都能够进一步迈向成功。

（2）换框法

换框法就是在原有框架的基础上，将负面能量转化为正面能量，从而使信念更加坚定的方法。目前主要的换框法有两种，分别为意义换框法和环境换框法。

　　◎意义换框法：所谓的意义换框法指的是"找出一个负面经验中的正面意义"。李中莹老师在《重塑心灵》中写道："世界上所有的事情本身是没有意义的，所有的意义都是人加诸的，同一件事情里总有不止一个意义包含在其中。"根据这项概念基础，当销讲者面对某些事和物让信念系统产生动摇的时候，可以试着去换个角度找出最能帮助自己的意义。这样就可以把外界环境带来的负面影响转变为正面能量，并使自己获得进一步的提升。

　　◎环境换框法：所谓的环境换框法就是在同一件事或者物的情况下找到更有利于自己的环境，然后就能够改变这件事或者物的价值，进而改变自己的信念。李中莹老师在《重塑心灵》中写道："中国传统思想中有很多表面上是绝对正确的说法（其实都是规条），把人们牢牢地束缚着，运用环境换框法，可以打破它们。"站在销讲者的角度，很多规条确实对人的成长有所帮助，但是规条同时也让销讲者失去了变通的能力，进而阻碍了更加宽广的发展道路。因此，为了给自己带来更多的发展机会，销讲者必须要学会环境换框法，从而让自己能够突破某种规条或者某种信念的束缚。

销讲者的信念发生改变的时候，情绪也会发生改变，销讲者进而对周围的影响力自然就会出现变化。强大的信念会给人带来正面的情绪，而正面的情绪是获得正能量的必备条件，也是积极信念产生的基础。当销讲者朝着积极的方向发展的时候，对周围的人和物的影响力就一定会获得提升。

如何用销讲改变团队的信念

管理大师罗伯特·凯利说过："企业的成功靠团队，而不是靠个人。"当企业家建立了自身的信念系统之后，首先要做的就是利用销讲改变团队的信念，然后再利用销讲去创造企业的文化，用企业的文化来进一步稳定团队的信念。

对企业家来说，销讲不仅能够使自身的信念系统变得更加强大，还能改变团队的信念，让团队变得更有凝聚力、更加强大。因此，能用销讲激发、激励员工精神的人，才有机会改变团队的信念，并引导团队共同走向事业的巅峰。然而面对自己的团队，很少有管理者能够像马云那样自信地说出："没有人能够挖走我的团队！"因为很多人还不知道该如何把自己的信念注入团队，进而改变团队的信念。

（1）表达对团队的信任

企业家作为团队核心的管理者，可以从表达对员工的信任开始，逐步以自己的信念来影响团队。许多企业家都喜欢设置繁复、死板的规则来控制自己的团队。实际上，这就是不信任团队的表现。当团队被规则鞭策前进的时候，工作效率、质量自然就很难提升。企业家通过销讲来表达对团队的信任，就能够用信任代替死板的规则，成为团队前进的真正动力。然而对很多管理者来说，表达对团队的信任是一种艰难的选择。管理者不可能把工作的全部内容、全部项目都交给团队，自己却在一边不闻不问。可以尝试在内心为自己对团队的信任划分一个范围，在这个范围内用语言尽情地表达自己对团队的信任，并不断地通过信任来激励团队，进而让团队的热情扩散到更大的范围。

（2）将自己的梦想注入团队

企业家不仅可以通过销讲表达对团队的信任，而且可以利用销讲将自己的梦想注入到团队中。梦想是个人获得成功的基础，同时梦想也是团队取得胜利的基础。但是，在不成熟的团队中，每一个人往往都有不同的梦想，而企业家作为团队的核心就必须将自己的梦想注入团队之中，并给予团队实现梦想的希望。你要让员工听你的，就要满足员工的需求，让员工看到跟着你有未来、有希望。

> 腾讯的董事会主席马化腾曾在给员工的信中写道："也许今天我还不能向大家断言会有哪些变化，但我们将尝试在腾讯未来的发展中注入更多开放、分享的元素。我们将会更加积极地推动平台开放，关注产业链的和谐，因为腾讯的梦想不是让自己变成最强、最大的公司，而是最受人尊重的公司。让我们一起怀着谦卑之心，以更好的产品和服务回馈用户，以更开放的心态建设下一个十二年的腾讯！"

"最受人尊重的公司"实际上就是马化腾自己的梦想，也是他为腾讯定下的发展目标。他一个人肯定无法实现这个目标，因此必须依靠团队的力量，所以他才会说"让我们一起"，这是他将自己的梦想变为团队梦想的方法，同时"建设下一个十二年的腾讯"又给团队带来了腾讯能够实现梦想的希望。正因为这名企业家能够将自己的梦想注入团队，才能够让企业变得更加强壮，使企业的发展变得更加稳定。因为团队决定着企业的发展，所以团队的梦想才是企业发展的最终方向。

（3）给团队机会

团队中的每个成员都应该获得平等晋升的机会。企业家改变团队信念的时候，必须强调自己能够带给团队怎样的机会。

比如董明珠在格力公司内部讲话中曾说："只有成为人才基地，企业才能立于不败之地。什么是人才？在自己岗位上推动创新，你就是人才；敢于维护企业利益，你就是人才；当你学到了别人的长处，你就是人才。"

这就是董明珠给自己团队的机会。她首先将整个企业定义为"人才基地"，把团队中每位员工都定义为"人才"。在董明珠的定义里，人才不是为企业带来最多利益的人，而是"在自己岗位上推动创新""敢于维护企业利益""学到了别人的长处"的人，只要符合这些要求的任何一项，都可以被称为人才，自然在格力这个"人才基地"中就会获得发展的机会。

一个公司的人才层级基本分为三种：

（1）基层——利益共同体——利益感

（2）中层——荣誉共同体——荣誉感

（3）高层——精神共同体——使命感

针对不同的人，要给他们塑造不同的价值感。基层看重利益，你就给他植入"跟着我能赚钱"的信念；中层看重荣誉，你就给他植入"跟着我能功成名就"的信念；高层看重使命，你就给他植入"让我们一起成就一番伟大的事业"的信念。跟不同的人说不同的话，这很重要。

在"销讲系统"课程中，我讲到给团队植入信念的内容，首先我们要知道团队为什么跟随我们？无外乎三个方面：能得到什么？能成长什么？未来能走到哪里？答案就是物质需求和精神需求的双向满足。

能得到什么：更多地考虑跟随我们能够达到什么样的物质需求。在满足生存需求的情况下，能否实现短时间买房买车的最现实的梦想。

能成长什么：一个人的成长永远比成功更重要，能力的成长、收入的成长、地位的成长都是团队所考虑的。

未来走到哪里：每个人都是为希望而活，对未来充满信心和力量，所以，作为领导者我们必须要让跟随我们的人看到希望和未来，并且充满信心。领袖都是塑造未来、描绘愿景的高手。

我们要通过销讲的方式为团队植入强大的信念，让团队实现三个维度的提升和价值。

> 正是因为我知道给团队植入强大的信念至关重要，所以我也一直在践行这一原则。公司在2015年创业初期，我就跟团队人员说："大家跟随我，3到5年帮大家实现买房买车的梦想。"那时候的我什么也没有，不过我一直坚信我可以做到。2016年到2017年就有团队成员陆续实现了买车买房的梦想。就在2017年，团队优秀成员蒯仁江达成目标，公司奖励了他一辆奥迪汽车。当时他进入公司刚一年零八个月，从一个手机销售员、保管员、微商，直到加入公司跟随我，月收入不断突破，个人能力不断提升。

最快速的成功方法就是：跟对人、做对事。蒯仁江在团队中成了其他人的榜样。当我再次为团队植入信念时，所有人都充满了信心，都看到了希望，都无比地相信自己也可以实现自己的梦想和人生价值。我就是通过这三个维度为团队植入强大信念，从而让团队更有战斗力、更忠诚于企业。作为领导人，你一定要学会如何通过销讲为团队植入强大信念。如果员工没有成长或者成长空间有限，肯定不会跟随你。他不能放大自身的价值，你就帮他放大自身的价值。员工创造的价值越大，成长的空间越大。让员工看到努力的方向、放大员工的梦想、为员工提供梦想的成长框架。当员工觉得你能帮他实现更大的梦想时，你就是他心中的偶像。

如何用销讲改变客户的信念

销讲能够让迷茫的人产生坚定的信念，因此销讲也可以让那些对企业怀有迷茫之心的客户产生对企业的依赖之情。也就是说销讲可以改变客户的信念，进一步让客户选择某家企业、某种品牌、某个产品。而利用销讲改变客户信念，可以从消磨客户原有信念和转移客户信念的焦点出发，让客户成为企业忠诚的拥护者。

（1）削弱客户原有的信念

改变客户的信念不一定非要推翻客户之前的信念。通过销讲的手段削弱客户原有的信念也是改变客户信念的方式之一。对于销售人员来说，当遇到对品牌和产品不够满意的客户时，很多人都会在第一时间想到改变客户的信念。实际上，人的信念并没有那么容易改变。除非能够用现实中真实可靠的证据来证明客户原有的信念是"错误"的，否则在一般情况下，很少有客户会在与销售人员短暂的谈论中彻底颠覆自己的观念。但是削弱客户原有的信念则简单得多，通过销讲中简单的观点、简单的例子，只要能够击中客户信念中脆弱的部分，就能够在一定程度上动摇客户原有的信念。

（2）转移客户信念的焦点

转移客户信念的焦点同样也是改变客户信念的方式之一。销讲转移客户信念的焦点的模式有两种：第一种是彻底颠覆客户的信念，让客户的信念完全变成销讲者的信念；第二种是通过转移客户的关注点，进而间接转移客户的信念。

◎彻底颠覆客户的信念：这种模式是多数职业销讲家惯用的模式。因为职业销讲家积累了足够的资料和经验，并且在长期演说过程中使自己的信念系统强大到能够带来颠覆性的影响，所以职业销讲家才能彻底颠覆客户的信念。对此类销讲家来说，他们的客户就是台下的听众，他们的工作就是要颠覆这些听众的信念。但是对于善于销讲的企业家来说，同样也可以达到这样的效果。比如乔布斯就成功地通过 iPhone 发布会上的销讲，彻底颠覆了手机使用者对手机的定义，进而为智能手机快速打造了全新的市场。

◎转移客户的关注点：对于普通的销售员来说，想要彻底颠覆客户的信念可能需要消耗大量的时间和精力，甚至最后的成果还远远低于颠覆信念所花费的成本。所以，当客户对品牌或者产品产生质疑的时候，就可以通过销讲逐渐将客户的注意力从质疑点转移到品牌和产品的优势之上。这是一种适用于任何场所的模式，因此企业家在与客户、合作者进行商谈的时候，也可以利用这种方式。虽然转移客户的关注点没有彻底颠覆客户关注点的效果明显，但是也能够在一定程度上间接削弱客户的信念，并给销讲者提供一个可以将自身信念灌输给客户的机会。

（3）不要与客户的信念产生正面冲突

客户没有理由为你掏钱，只是你让客户掏钱的理由还不够。无论是削弱客户原有的信念，还是转移客户的焦点，所有的销讲者一定要注意一个问题——不要与客户原有的信念产生正面冲突。比如，当客户说"我喜欢某产品"的时候，聪明的销讲者就一定不会说"某产品不好""某产品不适合你"这类话。而是会从另一个角度入手，间接将客户喜欢的产品与自己的产品进行比较，突出自身产品的优势，进而从侧面改变客户的信念。

信念都是经过个人的长期发展树立起来的，因此绝对不能因急于求成就与客户的信念产生正面冲突。在冲突严峻的情况下，销讲者根本无法改变客户的信念，甚至会让客户对自己产生厌烦的情绪。企业的发展离不开客户，无论是销讲家、企业家，还是普通的销售人员，都需要把客户的感受放在第一位。只要从尊重客户的感受出发，不去正面敲击客户原有的信念，而是从侧面找到客户内心的薄弱点，用"温柔"的方式让客户发现自己的"错误"，才能够成功改变客户的信念。

如何用销讲改变孩子的信念

一个成功的企业家、销讲家，不仅能用销讲改变团队的信念、改变客户的信念，还能用销讲改变孩子的信念。无论是普通人还是伟大的销讲家，都希望自己的下一代的能力远超自己，因此可以通过销讲来改变孩子的信念，进而从小培养孩子的特质。孩子需要从小培养的特质有很多：自信、勇气、担当、责任、自立、孝顺、目标、时间管理、学习的动力等。销讲者作为父母、作为孩子的指引者之一，在日常沟通中一定要用正确的话语去引导和教育孩子。

（1）种下潜意识

很多家长都会走进一个误区——自己对孩子有多好，等将来自己老了，孩子也会对自己有多好。实际情况却未必是这样，反而你对父母有多好，孩子就会对你有多好。因为孩子的学习都是通过模仿获得的。比如孩子刚刚开始学说话的时候，孩子本身可能并不明白"爸爸""妈妈"这些词的含义，但是他之所以能说出来，就是通过父母不停地在他耳边教他"爸爸""妈妈"这些词，然后再通过他自己的模仿能力说出来的。因此，只有你对自己的父母好，孩子才会模仿你，进而对你好。

（2）给孩子肥沃的土壤，让他去成长

父母是孩子的第一任老师，家教是孩子的第一堂课。如果父母是一名懂得教育孩子的销讲家，那么父母给孩子的家教也会非常完善。比如父母会让孩子阅读正面的人物传记，以自身或者正面的人物给孩子树立榜样，亲自教会孩子经历、体验、成功的感觉，以及通过销讲来告诉孩子为什么要学习。

（3）觉醒父母——家长十问

很多家长在教育孩子的过程中，特别是在孩子犯错的时候，总是会先在孩子身上找原因，实际上这是一种错误的行为。这种情况下，家长应该在自己和孩子的身上同时找原因，找出纠正错误、改变孩子信念的方法。比如现在家长喜欢针对孩子犯下的错误问十个问题，但是孩子的错误与家长作为销讲者灌输的信念有着密不可分的关系。

◎家长问：为什么我的孩子总是"破罐子破摔"？

答：因为你总把他看成破罐，所以他才破摔。

◎家长问：为什么我的孩子如此叛逆，总和我对着干？

答：您也要思考一句话："叛逆有理。" 到底是孩子逆反还是家长任性？

◎家长问：为什么我的孩子不听话，我说100遍他都记不住？

答：正是因为你说100遍，所以他记不住，说得太多等于没说。

◎家长问：很多事情我都是手把手地教，为什么孩子还是不会？

答：能力不是教出来的，而是在实践中练出来的，人生的经验不可间接获得。

◎家长问：为什么我的孩子不好好学习，整日不思进取？

答：肯定有消磨他意志的东西融入了他的生活。

◎家长问：为什么我的孩子自理能力这么差？

答：那是因为您是合格的代理人，您的代劳是培养孩子没有自理能力的最好方式！

◎家长问：我付出了这么多，孩子为什么不知道感恩？

答：您付出的大多不是孩子需要的而是您自己想要的，想要孩子感恩就给孩子最需要的爱。

◎家长问：孩子淘气好动，管不住怎么办？

答：除了管制，还有一种方法叫作释放。

◎家长问：我为孩子的现在和将来设计好了一切，为什么他的表现却总让我失望？

答：教育不是雕塑，因为孩子是有生命、有情感、有思想的"人"。

◎家长问：给孩子报了很多课外班，但是学习成绩为什么一直没有长进？

答：一辆汽车如果想起动，首先要解决动力系统的问题，孩子学习没动力，您给孩子报再多的补习班也是徒劳无效的！

孩子没有理由不好好听话，只是你让孩子好好听话的理由还不够。如果每一位家长都能参透这十个问题，那么家长对孩子来说就是最好的老师、最好的销讲家。

（4）夫妻恩爱才是喂养孩子最好的教育

用销讲改变孩子的信念，最关键的是父母要树立正确的信念。那么为人父母，我们该如何树立正确的信念呢？既然与父母连接是孩子天生的心理需求，父母就应当提供更多的正面信息来满足孩子连接父母的需求。比如以自己的正确信念为基础，多夸夸孩子：

"孩子你真了不起，你和你爸爸一样，真聪明！"

"你和你爸爸一样讲义气！"

"你和你爸爸一样人缘很好！"

"你和你爸爸一样很孝顺！"

"你跟你妈妈一样很善良！"

"你跟你妈妈一样很有爱心！"

"你跟你妈妈一样喜欢学习！"

"你跟你妈妈一样做事很认真！"

当孩子连接父母的渴望被满足了，就不会在暗地里连接那些被否认的缺点。父母若能这样做，孩子必能有好的发展。孩子会知道大人有时候会吵架、夫妻有可能会分开，但是他们却能承认彼此的位置，也承认对方的父母身份，这对于孩子来说是非常重要的身教。

在我的少儿课堂中，曾经遇到过这么一个孩子。就因为她母亲在她12岁的时候对她说过一句很难听的话，她记恨了她母亲7年。7年不跟她母亲多说一句话，而她母亲却不知道为什么。直到这个孩子来到我的课堂，才打开了内心那扇封闭了7年的门。当孩子哭着说出这件事的时候，这个母亲才幡然醒悟。

这就是语言的杀伤力，也是血淋淋的教训。

第五章

销讲说服系统：
提升你的核心影响力

优秀的领袖无论在市场中还是在企业内部，都拥有强大的影响力。在销讲系统中，提升影响力的关键就是说服系统，同时，"说服"还是学习销讲的有效法门。销讲者只要能以提升演说的六大核心为出发点，根据客户的价值观定向，来说服六大不同价值观的客户，那么就能够有机会征服整个销售市场。但是，想要让所有听众都能够被销讲者瞬间说服，可以用五行演说模式，用幽默、激情、智慧、目标和感动来进一步提升销讲者的核心影响力。

提升演说影响力的六大核心

　　销讲是一场一人对众人的销售。一个人站在台上面对几十人、几百人甚至几千人，通过演讲进行销售，台下会有很多反对的声音。当然，这些声音往往是销讲人员在台上听不到的。在这种情况下，销讲人员如何预知听众的异议，并运用一定的演说技巧消除异议、增强说服力，同时提升销讲人员的影响力？最重要的就是要做好以下六个方面：

（1）打开互动感觉的开关

　　好的演讲是大家能互动起来的演讲，好的演讲是台上台下融为一体的演讲。对于销讲人员来说，最怕的就是冷场，听众提不起兴趣，甚至眉头紧锁、双手抱臂、双脚紧锁……为什么会出现这些现象？根源就在于人们注意力最集中的时间往往只有十几分钟，如果演说的时间过长听众就会懈怠、疲倦，很难再集中注意力。那么，如何才能在销讲中不断创造巅峰时刻，不断抓住人心呢？那就需要打开互动感觉的开关！销讲中的互动一般有五种常用的方法。

　　◎发问：发问的目的是把疑问抛给听众，引起他们的思考，进而产生互动。例如，"要"还是"一定要"？如果今天我的分享越多越精彩，你们的收获就会更多，是还是不是？你们的掌声越热烈，我就越愿意更卖力、更用心地跟大家分享，是还是不是？

　　◎讲故事：销讲者通过讲述自身的故事引起听众的情感共鸣，进而达成情感认同。所以，销讲中讲故事的关键不是词汇多么丰富、多么华丽，而是要描述当时的体验。例如，相信在座的很多人和我一样，来自农村。小时候，我家里很穷……

◎表演：好的演讲者都是善于表演的。例如，世界上最伟大的推销员乔·吉拉德在演讲的时候站在讲台上面为听众领舞，这种和听众融为一体的表演状态，让现场立刻沸腾起来。

◎讲笑话：但凡口才出众的人都是讲笑话的高手。销讲中的一个小笑话能够立刻吸引听众，让气氛活跃起来。例如，马云在一次演讲中这样开场："其实我还没有从刚才的表演中恢复过来，从来没有想到自己可以在万人体育场表演。表演之前呢，紧张了至少十天，但是表演了两分钟就不肯下来，所有刚表演完下来的阿里巴巴高管都特遗憾——我们只有这么一点时间。所以一激动我们在后面聊了很长时间，需要我跟上来跟大家分享阿里巴巴十年的经历。"

◎做游戏：现场要求听众和销讲者共同完成一个动作、一个测试或者一个游戏，进而活跃现场氛围。例如，世界销讲大师安东尼·罗宾先生销讲的时候用水枪游戏活跃现场气氛；世界房地产销售第一名汤姆·霍普金斯销讲的时候走下台来跟每一个人握手。再比如，"大家好吗？""好！很好！非常好！""大家跟我一起大声确认：'YES'！"

销讲过程中的互动，既是为了吸引听众、活跃气氛，又是为了控场。所以，每一个销讲者都要充分重视销讲中的互动。

（2）想要学会什么，就去教别人什么

教别人的时候就是我们成长最快的时候。企业家也应该是一名教育家，伟大的企业家应该把经验、知识、思维分享出去。普通人学知识，高手学思维、系统，领袖学思想、原理。而思想、原理只有在和别人分享的过程中才能不断升华。所以，每一个销讲者都要有这样的思维：每一次演说、分享的过程都是自我学习、自我成长的机会。

我们的人生就像电池，要不断地充电、放电，寿命才长久。生活中处处皆学问，我们要学习每个人身上的优点并不断放大，了解别人的缺点谨记避免犯错。比如：与人相处、看电影、看书、看电视剧、看广告、做事情、亲身经历都是在学习成长。而最高效的学习方式是"体验式学习"，就是在实践、分享中学习。所以，想要学会什么，就去教别人什么。

> 我的导师团队中，有一位时尚美丽的代言人——韩秀社创始人夏晶。她最初跟随我学习的时候，也说不出跟我学习的具体原因，就是单纯地相信我能帮助她。她也参加过很多学习，但一直没有找到归属和方向。她说她花了好多年的时间想去寻找一个能彻底改变她、帮助她的人生贵人。命运有时候就是那么奇妙，你费力追求的东西久而未果，但缘分会让你们在不经意间遇见。就在她成立韩秀社不久，一个非常巧合的机会，她来到了我的"销讲系统"课程。参加完第一天的学习之后她的内心就沸腾了。她说："我没崇拜过任何人，而陈飞老师是让我崇拜和欣赏的。"简单的相信让她成为我导师团的一员。在后期的持续学习中，她竟选成为导师班3班班长。她学习很努力，吸收很快，尤其是跟随我到新疆一起演讲学习的过程中，她深深地领悟到了"跟随获得精髓"这句话的含义。她更懂得了想要学会什么，就要教别人什么。因为她自己从事美业培训，于是就在她的皮肤管理培训中融入了我教授的销讲内容的培训，用"销讲系统"所学的发问系统和成交系统进行实践。连她自己都没想到，原来面对公众只能做基础培训而从未想过批发式销售的她，第一次用销讲的方式不到两个小时就能收款几十万元。更加重要的是，她收获了无数的粉丝，大家都为她的演讲魅力和进步所折服，从心底愿意一直跟随她将韩秀社的事业做大做强。现在她跟我到全国各地进行演讲。她说她能做到的就是因为简单相信，听话照做，把所学的内容直接教给自己的学员。而这些简单的做法也帮助她自己成长得更快。

我经常讲一句话："在你教别人的时候就是你吸收最快的时候。"学习十次不如教别人一次，高效学习的真理就是这么简单。

（3）好的演说是练出来的

没有人天生就会演说，就会销讲。即使是在口才方面具备一定天赋的人，也要通过后天的不断练习才能成为优秀的演说家、销讲家。练习让一切变得美好。所以，每一个立志成为销讲家的人都应该注重练习的力量。一方面要在平常加强口才、演说技巧、销讲技巧等方面的练习，把每一次的练习都当作比赛去重视；另一方面要把握每一次上台的机会，只有真正站在台上面对听众的那一刻，你才能真正理解演说、销讲的意义，才能真正从中获得成长。

（4）定自己才能定场

定自己才能定场，定场才能定大局。心定是定自己的前提。很多销讲者之所以失败不是因为口才不好，也不是因为没有掌握销讲技巧，更不是因为缺少销讲的经验，而是因为心不定。紧张、害怕、犹豫等都是心不定的表现。一旦销讲者陷入这些负能量的情绪中，就失去了定场的力量。销讲者心不定，不管他的口才多好、销讲技巧多么熟练、经验多么丰富，都会铩羽而归。所以，销讲者在每一次走上讲台之前，最需要做的事就是让自己心定下来。例如，听音乐、打坐、自我催眠等。

（5）建立帮助别人的心态

很多人存在销讲障碍的原因都是：我在卖东西或者推广东西给别人，所以我不好意思。其实这样的想法是错误的，人生下来就不断在"卖"东西，这是人生价值的之一。"销售"实际上就等于"帮助"，只要你的产品确实好、听众也需要，那么你就是在帮助听众买到他需要的东西，而不是为了利益才卖东西给他。如果别人有需要，你反而因为不好意思而不卖给他，这才是你的问题！因此，良好的心态是销讲成功的关键。心态改变了，销讲的态度就会跟着改变，销讲的结果也会跟着改变。销讲是一个需要付出的行业，销讲者站在台上和听众毫无保留地分享，就是一种付出。只有销讲者真心付出、全心全意地去帮助别人，才会得到同样的回报。

（6）角色改变：我就是超级演说家

如果你觉得自己不行、自己不会销讲，你就很难成功！相反，若你坚信"我就是超级演说家"，你就会以"超级演说家"的标准和心态来要求自己。你会变得更加自信，会更努力地去学习、提升，最终你真的会成为"超级演说家"。

如何说服六大价值观客户

世间有各种各样的人，他们有不同的追求、不同的价值观，进而会对销讲产生不同的态度。而销讲者站在讲台上，很难像普通销售员那样一对一地解决客户的异议。在这种情况下，销讲者如何才能征服不同价值观的客户呢？既然无法一对一判断对方属于哪种类型的客户，销讲者就要找到具有普遍性的客户类型，重点说服这些客户群体，以实现成交的目的。一般来说，根据客户的价值观不同，我们可以把客户分成六类：生存型客户、家庭型客户、模仿型客户、社会认同型客户、成功型客户和混合型客户。

（1）生存型客户：给足便宜，赠送小礼品

生存型客户的核心价值观是：生存是第一位的，钱要花在刀刃上。他们往往在经济上比较拮据，希望以最低的价格购买最超值的产品和服务。他们甚至在某些时候表现得爱占小便宜。他们希望你能以最便宜的价格把产品卖给他，如果可以免费赠送最好不过。对于这类客户，坚决不能降价，但同时也要满足他们想占便宜的心理，可以通过赠送礼品、附加值的方式让他们感觉物超所值。例如，为了帮助大家尽快掌握销讲技巧，每一个报名参加"销讲系统"培训课程的学员都可以免费获得三次一对一的辅导机会；同时还可以获得千人大会上销讲的机会；此外还能够获得……

（2）家庭型客户：给爱一个购买的理由

家庭型客户的核心价值观是：重视家庭，关爱家人。他们会更加在乎家人的需要和体验，甚至超过对自己的在乎程度。最典型的就是有些家庭主妇，逛街的时候全部都是进男装店、童装店，为老公和孩子买衣服，却很少考虑自己。对于这类客户，只要你能够打动他们，让他们觉得家人的确重要，就一定会埋单。例如，脑白金一直以来的广告语"今年过节不送礼，送礼就送脑白金"，就是抓住了人们关爱家中老人的典型心理。销讲者如果能够在销讲中给他们一个为家庭埋单的理由，让他们产生"爱家人，就行动"的冲动，成交就会变得很容易。

（3）模仿型客户：玩好粉丝效应，为偶像购买

模仿型客户又叫从众型客户，他们喜欢从众、模仿别人，尤其当他们信任或喜欢的人购买、使用了某款产品和服务时，他们就会产生立刻去购买同款的冲动。这也就是很多品牌喜欢请明星代言的原因。对于这类客户，一定要充分利用粉丝效应，找到他们信任、喜欢的偶像做代言，现身说法。这个"偶像"可以是明星、专家，也可以是他们身边的人，还可以是销讲者自己。例如，我的销讲会上就是利用自己的故事赢得听众的信任甚至是崇拜，进而利用粉丝效应实现成交的。

（4）社会认同型客户：想办法让他自己说服自己

社会认同型客户一般是具有一定社会名望的人，如专家、教授等有社会地位的名人。他们往往非常重视自我价值，消费理性，不易说服。但其实这类客户也有性格上的弱点，那就是喜欢别人赞美、追捧、认可他的社会地位。一旦他们觉得你真的认同他的社会地位，他就会因为你给的"高帽"而说服自己去购买。

（5）成功型客户：只谈感觉，不谈价格

成功型客户的价值观核心是：身份、尊贵、象征。因此，他们不会在乎产品的价格，喜欢专属的、定制的、独有的、彰显身份的、稀缺的、限量版的产品和服务。

（6）混合型客户：让他为荣誉埋单

混合型是一个人最终极的追求。混合型客户往往没有固定的价值观，也没有一定的性格模式。在特定的环境下他们会演变成特定类型的客户。所以，混合型客户是最难成交的客户，他们一般社会经验非常丰富，思想也非常活跃。销讲中要想说服这类客户，必须使出撒手锏——让他为荣誉埋单。

五行演说模式，让听众瞬间被你说服

在生活中，人类每时每刻都在尝试说服别人。可能是为了说服家人支持自己做某一项事业，可能是说服领导同意自己的某项提案，或者说服合伙人与自己共同完成某个项目……无论是哪种说服，都可以在五行演说模式中找到合适的方法，并且让听众在演说的魅力下被瞬间说服。

（1）幽默：喜悦快乐的话，人人都爱听

任何成功的演说都不能缺少幽默的元素，因为幽默是促进演说家与观众互动的有效手段。观众因为演说中的幽默内容开怀大笑，就是观众正在认真聆听演说的最佳证明。同时，一个充满幽默感的开场白，能够在演说的开始就集中观众的注意力。成功的演说，从来不会在开头就让观众想睡觉，也不会用枯燥的语言阐述无聊的道理。毕竟只有喜悦快乐的话，才是观众真正爱听的。

> 锤子科技的创始人罗永浩，就是一个典型的幽默演说家。至今为止，他已经积累了许多幽默语录，且这些语录都被他的忠实听众奉为经典。比如，他在演讲中这样自我嘲讽："我是一个土鳖，所以我特意选择一些有留洋背景的老同事、老朋友，因为据说一个土鳖领着一群海归创业是一个很美好的景象。"

罗永浩充满幽默性质的自我嘲讽，成功地获得了全场的爆笑回应。同时，这种自嘲式的幽默，也让罗永浩的语言在某种程度上更能打动听众、说服听众。因为充满喜悦的演说是激发观众热情的最佳武器，也是演说家与观

众互动的最佳模式。

（2）激情：激情洋溢，才能感染他人

我在课程中讲道："有一种领袖的讲话能让别人兴奋，也就是引爆员工；另一种领袖是自己兴奋，别人气愤。"同样的，一名优秀的演说家也要能够引爆观众的激情，而不是自己站在台上自顾自地说。激情演说就是能够通过演说家自身的激情进一步感染观众、引爆观众激情的模式。

梦想创造激情，演说家如果想用自己的激情感染他人，首先要做的就是贩卖梦想打动他人。其次，利用丰富的肢体语言、抑扬顿挫的声音和清晰有力的词汇来辅助自己，为演说的内容进行适当的配合，使演说更有感染力。最后，要注意自己的总结语，强大有力的总结能给观众带来深刻的印象。除此之外，富有激情的演说稿也非常重要，虽然演说稿是死板沉闷的，但是稿子中的内容时常会直接影响演说家演说的效果。为了让演说更有激情，提前准备一份充满激情的演说稿也非常重要。

（3）智慧：充满哲思，定当引人入胜

智慧演说是最能够体现演说价值的一种模式。所谓的智慧演说，并不是在演说中使用复杂的专业词汇让观众听得不清不楚、似懂非懂，而是指在演说的过程中发表一些充满人生哲思的观点，从而引发观众的思考和共鸣。

（4）目标：目标明确，才能令人信服

有目标的演说，才能真正地说服观众。成功的演说，从拟订演说稿开始，就已经明确了演说的目标。虽然多数职业演说家在演说的时候会选择脱稿演说，并且融入许多演说稿中没有的话语来调动现场气氛，但是成功的演说必定会事先拟订目标明确的演说稿。在演说的过程中，无论演说家想用幽默、激情的语句引爆观众的热情，还是用富有人生哲理的语句来引发观众的共鸣，都需要有一个明确的目标，并且还要将观众一步一步引向这个目标。

目标演说同时也是说服系统中提升观众信任度的有力手段。每种演说都会有不同的目标，比如雷军在小米直播演说中的目标主要是为了推广小米手机；尼克·胡哲的演说目标就是为了鼓励观众，给予观众奋斗的勇气；我的演说就是为了鼓励初创企业的老板，并向他们授予管理企业的智慧……无论

演说家是站在企业的角度进行演说，还是站在个人的角度进行演说，无论是为了销售物品，还是为了销售自己或者销售知识，只要演说的目标明确并且能让观众信服，就一定会获得成功。

（5）感动：富有爱心，让人愿意追随

感动演说就是以观众的感情为出发点，通过演说家富有爱心的演说，进而让观众被说服。所谓的"爱心"，不仅仅是源自演说家内心的大爱，更是通过修心得来的包容万象的爱。著名影星李连杰的慈善演说是一种"爱"；罗永浩讲情怀的演说也是一种爱；马云"忽悠"别人的演说同样是一种"爱"……因为有"爱"才显得有感情，才会让观众愿意追随他们。

> 美国畅销书作家、房地产分析策略师、演说家斯特凡·斯瓦内普尔说过："公开演说并不难。开始几次会感觉到不适，因为人们看着你、听着你，并且希望从你这里学到一些东西，你也不想让他们失望。那就别让他们失望。商业说白了就是有一个想法，并且与人们沟通你的愿景，所以勇往直前吧。告诉他们、接纳他们，把你的精力、热情以及风度充满整个房间。"

"告诉他们、接纳他们，把你的精力、热情以及风度充满整个房间"就是感动演说的核心所在。把自己的感情告诉观众，并且接纳观众的感情，同时还要让自己的精力、热情和风度影响整个演说场地，让整个场地都变成自己的领域。所有踏入这个演说领域的人都会被演说家感动吸引，感动演说也就获得了最大的效益。

第六章

销讲销售系统：
掌握赚钱的思维方法

思维是世界赋予人类的最好的礼物。不同的人拥有不同的思维模式，不同的销售思维决定了不同的销售出路。因此，优秀的销讲者必须打开自己赚钱的销讲思维，为销讲的产品找到核心定位，才能让销售变得更加轻松、简单。销讲者不仅要掌握自己的思维，而且要通过客户的层级管理掌握不同层级的客户的思维，进而锁定、增加最能帮自己、帮企业赚钱的客户。销售系统还需要销讲者来制定特殊的销售策略，从而塑造产品价值、让客户见证产品价值，进而搞定那些为销讲者带来利润的大客户。同时配合销讲的免费模式和渠道模式，来快速提升销讲为企业、客户、个人带来的利益。

思路决定出路：打开赚钱的销讲思维

　　无论是销售还是演讲，都要有一定的逻辑思维，销讲同样也是建立在销讲者完善的思路之上的。思路决定出路，只有打开赚钱的销讲思维，才能让销讲获得最大化的收益。但是站在不同的角度，身份不同的人在进行销讲的时候有不同的思维。只有拥有优秀的思维，才能真正让销讲产生更多的价值。

　　（1）销售员的思维

　　站在销售员的角度上，销讲的最终目标就是推销产品，从而让销售员能够通过产品来满足顾客，并且从产品的销售上获得自身的价值。

> ◎销售员思维的起点是工厂，因为产品都是从工厂生产出来的，销售员要从工厂开始了解产品、商家以及客户的所有信息。
>
> ◎销售员思维的关注点是产品，因为掌握产品的优势和劣势是每个销售必备的功课。
>
> ◎销售员的手段是销售，因为销售就是销售员的本职，哪怕像乔·吉拉德这些突破吉尼斯纪录的销售员，都无法离开"销售"这个重要的获利手段。
>
> ◎销售员思维带来的结果，就是通过提高销售量，来获得自身以及公司的利益。

　　销售员的工作就是推销，而销讲对所有销售员来说就是一个可以利用的有效推销手段。只要能够理解销讲的销售系统，从起点开始掌握销售员的赚钱思维与方法，就能够实现销售员用产品满足客户进而达成销售、获取盈利的目的。

（2）企业家的思维

作为企业最高管理者的企业家，同样也有一套特有的销讲思维。如果说销售员的思维最终决定了产品销售量以及盈利的效果，那么企业家的思维则决定了该如何用产品满足市场中所有的消费者进而获取利润的最大化。

◎企业家思维的起点，就是以企业产品为基准的目标市场。每个企业都有自己的特色产品，因此要针对产品的特色来定位目标市场，进而找到有需求的客户，才能将产品真正的销售出去。

◎企业家思维的关注点，就是消费者的需求。消费者的需求不仅能够帮助企业家定位目标市场，而且决定了企业产品的销售方向，以及未来产品可能出现的变动。只有时刻关注消费者的需求，企业家才能把握住市场的整体风向。

◎企业家思维的手段，就是通过各市场以及消费者的需求来制定最佳的营销组合。所谓的营销组合，指的就是企业为了实现销售最大化而制定的营销手段。企业家可以通过控制产品的价格、销售渠道、促销活动等，来制定最适合企业和市场的营销组合。

◎企业家思维的结果，就是通过满足目标市场中的所有消费者而获得利润。无论是寻找目标市场、关注消费者的需求，还是制定最佳的营销组合，对企业来说都是为了实现最终获利的目的。

企业家的思维决定了企业的发展。特别是在中小企业中，企业家的思维甚至能够决定企业的生死，因此企业家必须具备完整的企业家思维，才能让企业更加稳定且长久地发展下去。同时，企业家的思维还决定了企业的出路，只有企业家的思维足够优秀，企业的前景才会变得更加美好。

（3）赚钱的三大思维

无论是销售员还是企业家，最终目的都是为了给自身和企业带来盈利。

所谓的盈利就是给自己和企业赚钱，而赚钱也有赚钱的销讲思维。不同的人有不同的赚钱思维，但是在一般情况下，凡是能够为自己、为他人、为企业赚钱的成功者，都离不开赚钱的三大思维。

◎赚钱的思维一：观察其他赚钱的人都在做什么。学习其他赚钱的人的优点，看到其他赚钱的人的错误，避免自己犯下同样的错误。同时，可以学习其他人赚钱的模式，并且在已有的模式上进行创新，试图超越那些模式成功的部分赚钱的人。

◎赚钱的思维二：分析他们是如何做的。这种思维就是为了方便自己学习，以及让自己避免犯下他人已经犯过的错误，在其他赚钱的人身上得到自己赚钱的经验。有时候经验甚至比赚钱本身还要重要，拥有丰富的经验之后就能在工作、生活中轻松赚钱。

◎赚钱的思维三：总结他们是如何实现的。那些成功赚到钱的人一定有他们的方法，而失败的人也一定有自己失误的地方。总结成功赚钱的要点以及失败者的失误，能够在启发自身思维的同时，带来更多正确的创新想法。

赚钱的思维决定了一个人能够为自己、为他人、为整个企业带来多少盈利。无论是企业领导者还是普通人，都需要具备一套完整的赚钱思路，才能让自己最大化地获得盈利。

思路决定了一个人的出路，只要能够打开正确的赚钱销讲思维，就能够为自己、为他人指出一条正确的盈利方向。销售员的销讲思维，可以为客户解决需求问题，为自己和企业赚钱；企业家的销讲思维，可以帮助自己、帮助企业、帮助整个市场上的需求者，进而带动他人和企业的发展。因此，所有的人都可以在销讲的销售系统中整理出自己的思路，并掌握各自赚钱的思维方法。

销讲的产品核心定位

销讲也要进行产品的核心定位，因此就离不开 STP 理论。STP 理论就是目标市场定位，也就是为销讲定位产品和市场。

> 市场细分（Market Segmentation）的概念最早是由美国营销学家温德尔·史密斯在 1956 年提出的，美国营销学家菲利浦·科特勒进一步发展和完善了温德尔·史密斯的理论并最终形成了成熟的 STP 理论——市场细分（Segmentation）、市场定位（Targeting）和产品定位（Positioning）。

STP 理论至今还是许多战略营销中不可或缺的组成部分，因此 STP 理论同样包含在销讲的销售系统中。因为销讲对于销售来说，可以作为当下一种有效的营销手段，所以就必须用 STP 理论进行销讲的产品核心定位。

（1）市场细分

市场细分（Segmentation）就是根据市场调研中消费者的各个方面的差异，把某个产品的销售市场划分为若干个子市场，而且每个子市场中的消费者类型都相似的活动。市场细分有利于销讲者在市场中寻找市场机会，进而根据机会制定适合的销售方法或者营销组合。同时，市场细分可以帮助销讲者合理分配现有的资源，把更多的资源送往需求量大的市场，进而减少不必要的资源浪费。

市场细分虽然有众多好处，但是实现起来却不简单。不仅在市场细分前要做好市场调研，还要根据地理、人口、心理、行为这四大主要影响因素来细分。

◎地理细分：包含了国家、地区、城市、自然环境、地形等因素；

◎人口细分：包含了性别、年龄、职业、家庭、社会阶层等因素；

◎心理细分：包含了个性、兴趣爱好、生活方式等因素；

◎行为细分：包含了消费者对产品的态度、对产品的使用率、对产品的忠诚度等因素。

地理、人口、心理、行为方面的细分，是市场细分的基础。因为市场细分不是根据产品来划分子市场的，而是要根据消费者的特点来划分，因此就必须要从地理、人口、心理、行为这四个方面来了解消费者，并根据这四个方面来划分。然而，就算根据这四个方面将市场细分，也不代表所有的子市场都是可以盈利的，根据子市场中的情况来选择适合自己的市场才是最重要的。

（2）市场定位

市场定位（Targeting）实际上就是确定目标市场，而市场定位一定是建立在市场细分的基础上的。没有进行完美的市场细分，也就无法进行市场定位。

市场营销学者杰罗姆·麦卡锡提出了应当把消费者看作一个特定的群体，这个群体就称为目标市场。通过市场细分，有利于明确目标市场；通过市场营销策略的应用，有利于满足目标市场的需要。即：目标市场就是通过市场细分后，企业准备以相应的产品和服务满足其需要的一个或几个子市场。

根据杰罗姆·麦卡锡的定义，所谓的目标市场就是在市场细分中找到的适合自己进行营销的最佳子市场。而确定目标市场也有一套特定的选择策略，销讲者根据选择策略来决定为哪些子市场销售产品。通常根据选择策略进行市场细分有五种主要模式。

◎市场集中化：就是选择一个或者两个子市场，只为这一个或者两个子市场提供产品。这种模式特别适合中小型企业以及资源不足的人使用。但是在选择之前，一定要对选择的子市场进行深入了解，在前期对市场的深入了解中需要耗费大量成本。

◎产品专门化：就是大量生产某一种产品，然后向所有的子市场营销这一种产品。这种模式可以减少对市场深入了解的投资，但是一旦出现其他的替代产品，就会面临着巨大的风险。

◎市场专门化：就是长期固定地服务某一类固定的消费者群体，这类消费者群体可能分散在不同的子市场中，也可能被集中在一个子市场内。但是如果这类固定的消费者群体出现了大量的需求变更，就必须承担一定的风险。

◎有选择的专门化：就是先选择几个子市场，每个子市场对产品都有一定的需求量，且每个子市场之间联系要少，最好子市场之间完全没有联系。这种模式可以分散营销的风险，如果一个子市场发生了重大变故，那么其他子市场也可以产生盈利。

◎完全市场覆盖：就是生产大量不同的产品，来满足所有的子市场。这种模式适合成熟的大型企业，中小型企业和个人很难做到如此大的资源投入来满足所有的子市场。

选择适合的目标市场，可以帮助销讲者找到适合的销售群体，这对销讲的销售系统起到重大的作用。因为市场定位帮助销讲的销售系统定位了营销市场，只有拥有可以把产品销售出去的市场，才能实现销售盈利。

（3）产品定位

产品定位就是根据现有的产品在子市场中所处的位置以及消费者对产品的需求，在消费者的心目中建立充满特色的产品形象和品牌形象，进而让消费者印象深刻，并进一步增强产品在市场中的竞争力。产品定位和产品的差异化存在一定的共同点，但是从本质上却各不相同。产品定位不仅强调了产品的差异化，而且要建立一个受消费者欢迎的产品形象和品牌形象，因此产品定位包含了产品的差异化。同时，产品定位建立在市场细分和市场需求上，也有特定的步骤：

◎第一步：通过市场调研识别子市场中的竞争优势；

◎第二步：从产品的特色上，确定市场中的核心竞争力；

◎第三步：传播自己的核心竞争力，将产品的特色传播到选择的子市场中。

正确的产品定位，决定了销讲销售系统的最终走向，也决定了销讲的特色。只有具有特色的销讲，才能吸引观众，才会有消费者愿意为销讲埋单。

我自己公司的发展包括课程设计就是根据STP理论进行设计的。目标市场：中小微型企业，中国的3亿中端消费群体。产品定位也就是满足目标市场群体的困惑，如产品问题、营销问题、团队问题、渠道问题、客户问题、资金问题、传承问题、家庭问题、子女问题等，从而设计了自己的产品体系，打造了一个系统的学习方案：企业家导师班课程体系，围绕六大方位、三大体系深入展开，从而实现老板解放、企业重生、家庭幸福、子女成长。

从整体上来说，市场细分辅助了目标市场的定位，市场定位可以解决销讲者的困惑和消费者的需求问题；产品定位则帮助销讲者打造有特色的销讲销售系统，并且创造产品和品牌的特色。STP理论中的三大核心要点，在销售系统中相辅相成，缺一不可。

客户层级管理：锁定帮你赚钱的客户

为了使销讲的销售系统变得更加强大，除了细分市场、找到合适的销售市场进而定位销讲的产品核心之外，还要对市场中的客户进行层级管理。层级管理可以帮助销讲者进行有针对性的产品销售，锁定能够帮助销讲者赚钱的客户。在销讲的销售系统中，可以按照客户的数量、质量、消费量，把市场中的客户分为木头客户、黄金客户、钻石客户、铂金客户，进而帮助个人和企业更好地进行产品销售。

（1）木头客户

所谓的木头客户，就是市场中的低端客户。此类客户对产品产生的消费行为非常少，甚至不会产生任何消费行为。一般情况下，木头客户占据了市场中的主体，因此无论是企业还是个人，都不要被占据主体的木头客户干扰。也就是说，要学会去舍弃木头客户，把主要资源投入到可以产生大量盈利的其他客户身上，即使木头客户占据了市场的多数份额，也必须要学会放下这些木头客户，不要进行任何无意义的投入。

（2）黄金客户

黄金客户属于市场中的中端客户。此类客户会根据自己的需求，产生一定的消费行为，且黄金客户在数量上仅次于木头客户。对于多数企业来说，黄金客户还是企业盈利的主要来源。因此，在销售系统中，为了维持黄金客户的数量，就必须为黄金客户投入一定的资源。然而资源投入一定要把握适当，不能过多也不能太少。过多的资源投入会造成浪费，进而导致无法回本的局面；过少的投入，会减少黄金客户的数量，进而让黄金客户降级为木头客户。适当的投入不仅能够维持黄金客户的数量，而且能够把黄金客户升级为钻石客户。

一直维护黄金客户的数量虽然不会造成销售上的损失，但是会造成盈利止步不前的困局。只要能够把部分黄金客户进行升级，就可以提高部分黄金客户的消费量进而使盈利更多。

（3）钻石客户

钻石客户属于高端客户。一般情况下，钻石客户占据市场的比例非常小，但是对产品的需求非常大，为公司带来的盈利自然就会非常高。正因如此，才需要在黄金客户中挖掘有潜力升级的客户，把这些客户尽量提升为钻石客户，进而创造更多的盈利。

在保留钻石客户的同时，还要对此类客户进行大量资源投入，进而用来维持高端客户的数量不会减少。在保留现有钻石客户的同时，再不断提高部分黄金客户的地位，就能够使盈利不断地扩大。

（4）铂金客户

铂金客户是位于市场顶层的一类客户，同时此类客户也是销售系统中核心圈层的客户。此类客户产生的消费往往最大，甚至会占据企业盈利的主体。然而铂金客户却是最少的，因此为了维护此类客户，就必须把最多的产品资源投入到最少的铂金客户中。只要能够维持铂金客户，保证铂金客户不会流失，并且使钻石客户不断增多，那么就能够赚到更多的钱，获得更多的盈利。

只要能够在销售系统中严格按照企业的客户层级管理来划分客户、管理客户，维持销售系统的正常运行，就能够迅速打动能够帮助个人和企业赚钱的客户，进而维持盈利的稳定增长。

如何快速增加客户基数

在竞争激烈的市场中，拥有庞大的客户基数就等于占据了一定的竞争优势。然而伴随着客户要求的不断提升，企业与客户之间的关系开始变得不稳定，导致客户渐渐不愿意与企业形成黏性关系。只有快速增加客户基数，才能让企业避免因为客户的不稳定造成的损失，进而让企业获得赚钱的基本条件。而快速增加客户基数主要从两个方面入手：第一是维护老客户的基数，让企业的老客户不会轻易离开，才能保证企业的收入盈利能维持在稳定的水平；第二是增加新客户的基数，只有不断地在市场中吸纳新客户，才能保证企业的盈利不断地稳定上升。

（1）维护老客户基数

许多企业在尝试增加客户基数的时候，往往都专注于新客户的开发，进而忘记了老客户。比如中国联通就因为发展战略问题对老顾客一直"不友好"，许多联通的老客户反映想要换新套餐，总是因为各种限制换不了，只能重新办卡。联通对老客户的"不友好"，造成了联通在国内的人气有一段时间比较低迷。实际上，老客户才是企业最需要维护的，一名老客户为企业带来的利益远远大于新客户，甚至有时候维护一名老客户比开发一名新客户还要节约成本。而维护老客户基数，可以从建立完善的售后服务制度以及为老客户建立专门的档案出发，以增加老客户的满意度和忠诚度，进而让企业与老客户直接形成黏性关系。

◎建立完善的售后服务制度

完善的售后服务制度是维护老客户基数的核心点，只有完善的售后服务才能让老客户真正感到满意。所谓完善的售后服务制度，不仅包含了在老客户购买后为他们持续提供服务，而且包含了对老客户的需求调研、定期的上门培训、定期向老客户销售新产品、给老客户适当的优惠等。只有照顾到老客户的需求，老客户没有考虑的方面企业也能够帮他们考虑到，老客户才会真正地信任企业。

> 海尔优秀的售后服务全球闻名，只要客户有任何售后需求，海尔都会在能力范围内倾尽所有为客户服务。2015年2月，海尔生物医疗为上海瑞金医院75台超低温冰箱进行了移机，助力医院生物样本的统一管理，让海尔生物医疗成为当时行业内唯一提供售后移机的企业。海尔生物医疗的高效服务，为客户免除了移动生物医疗样本的麻烦，同时也保证了生物医疗样本的安全，自然就会让客户产生安心且信赖的感觉。

正因为海尔近乎完美的客服，才会为海尔留住这些老客户。因为售后不仅是企业满足客户的手段，同时也是影响市场竞争的因素。客户在考虑企业产品的同时，还会考虑到企业的售后服务是否够好。而完善的售后服务制度，会让企业在同质化的产品竞争中占据有利的地位，让老客户不会被其他的同质化产品吸引，进而增加老客户对企业的黏性。

◎建立专门的老客户档案

建立专门的老客户档案是企业了解老客户的基础。只有经过对老客户的调研，并根据调研的资料建立专门的老客户档案，才能真正地了解老客户。档案中的资料不仅要包含老客户的需求，而且要包含老客户其他方面的详细信息，比如联系方式、生日、爱好等。只要能够掌握这些老客户的详细资料，并长期与老客户保持联系，就能够让企业与老客户维持稳定、友好的关系，进而提升企业在老客户心目中的好感度。

（2）增加新客户

维护老客户只能在一定程度上维持企业的盈利不会产生太大的变动，因为客户的需求总是在不断变动的，没有任何一家企业可以用绝对完美的售后服务来保证不会流失任何一名老客户，所以老客户的流动在所难免。为了让企业的客户基数快速增加，必须增加新客户。

◎ **确定将要开发的目标客户**

新客户很少能自己主动去找企业，所有的新客户几乎都是企业自己在市场中寻找的。因此在增加新客户之前，企业一定要在市场中锁定需要自己开发的目标客户。寻找目标客户的方式有很多种，比如通过他人的推荐、通过市场调研、通过产品推广活动等都能够找到一定的目标客户。只有先确定将要开发的目标客户，并在这些客户身上有一定的投入，才能够让这些目标客户变成企业真正的新客户。

◎ **用销讲打动目标客户**

在确定将要开发的目标客户之后，拉拢这些客户的最佳方式之一就是销讲。销讲不仅能够让企业与这些目标客户建立良好的沟通关系，而且能够打动目标客户。因为对于这些目标客户来说，他们还难以真正体会到企业产品的好以及企业优秀的售后，然而他们能直接感受到的内容就是销讲的内容。企业可以通过销讲向目标客户展示产品的优惠政策、企业的服务政策、未来的活动计划、产品销售的前景等，只要能够直击目标客户的需求打动目标客户，就有机会让目标客户对企业的产品产生购买的欲望。

对于大客户来说，最能打动他们的就是利益。因此如果目标客户是大客户的范畴，首先，一定要在利用销讲取得信任基础的前提下，明确指出企业的产品能给他们带来的利益。可以把老客户的案例搬出来打动他们，进而激发他们对产品的希望和购买欲。其次，再用真诚的情感和态度来让他们感受到企业的真诚，用激情与活力来感染他们。因为目标客户越大，他们的行动往往就越谨慎，所以才需要企业用激情点燃他们的购买动力。只要能掌握住目标客户中的大客户，并把这些大客户发展成企业未来的新客户，就可以让企业的盈利快速飙升。

◎ **建立新客户的专门档案**

企业同样需要建立专门的新客户档案。因为不是所有的新客户都有开发的潜力，也不是所有开发后的新客户都会成为老客户，所以企业同样需要根据档案资料对新客户进行适当的维护。只有与新客户维持稳定的联系，定期向新客户推送产品的活动、产品的优惠等，才能让新客户与企业的关系日渐升温，进而让新客户踏入老客户的行列。

对于企业销售来说，快速增加客户的基数并不是单纯地增加客户的数量，而是增加能够为企业带来盈利的客户数量。只有此类客户增加，才能让企业在市场中赚钱，进而发展壮大。因此，对企业来说，不仅要快速增加客户基数，还要快速增加大客户的数量，才能让企业的盈利变快。

销售策略一：如何塑造价值

　　无论用什么样的模式细分市场，无论选择哪种子市场，所有的企业都要面临同质化竞争的问题。哪怕是刚刚研发出来的前所未有的新型产品，在取得一定的销售量之后，马上就会出现许多类似的"模仿"产品。同质化竞争在当今的市场中已经不可避免，为了让企业能够在竞争中占据优势地位，就要为企业的品牌和产品塑造价值。虽然评判品牌和产品价值的标准掌握在客户的手中，但是塑造价值却掌握在企业自己手中。只要企业能够掌握塑造价值的销售策略，就能够在销售系统中掌握提升产品销售量的优势。

（1）心理价值

　　中国经济心理学基础理论的创建者吕先铭经过 6 年时间研究出了心理价值的规律，并且把心理价值规律定义为："市场经济体系的核心驱动力，决定产品及产品价格的产生和变化。心理价值积累导致供求双方动机的产生和转化，继而导致供求行为的产生，并最终决定供求关系的量变和质变。"吕先铭认为心理价值无处不在，甚至将人类的商业社会看作"心理价值互换的社会"，由此可见心理价值的重要性。吕先铭甚至还用心理价值反驳了西方经济学中的"供求关系决定价格"的观念，不仅在商业界掀起了心理价值的风浪，而且引起了全世界媒体的关注。

　　根据吕先铭的心理价值规律，如果能够在客户心目中抬高产品的心理价值，客户对产品的需求量也就会随之上升。只有提高产品和品牌的心理价值，才能够抬高产品和品牌在客户心中的地位，进而促进产品的销售量。

（2）量化价值

量化价值就是对企业的品牌和产品的特征进行量化。量化价值能够帮助企业确定品牌和产品在市场中的地位以及在市场中的影响力，甚至量化价值还能够让企业了解自身在市场中的价值。

（3）标杆价值

标杆价值就是让自己的产品和企业，在某些方面处于行业领先地位。比如公司的资质、技术、服务等，在这些企业的核心竞争力方面做到别人没有的你有，别人有的你比别人更好。

（4）品牌价值

品牌价值能够帮助企业在同质化市场竞争中脱颖而出。目前的品牌价值有两个方面的含义：一方面指企业评估出自己的市场价值，用市场价值的金额来表示具体的品牌价值；另一方面指品牌在市场消费者心目中的价值，消费者会根据品牌的特点、作用、用户体验等来评判某种品牌在他心目中的价值。

可口可乐公司曾经的总裁，"可口可乐之父"罗伯特·伍德鲁夫曾说，即使全世界的可口可乐工厂在一夜间被烧毁，他也可以在第二天重建所有的工厂。而伍德鲁夫之所以如此自信，则来源于可口可乐巨大的品牌价值。2007年，美国《商业周刊》对可口可乐的价值的评估值是673.9亿美元。可口可乐公司喜欢通过各种途径来提升自己的品牌价值，比如每年的奥运会都少不了可口可乐的投资；做大量的公益活动，从1993年可口可乐加入中国市场开始就一直在赞助中国的"希望工程"，至今从未中断过……可口可乐能够把握住每一个可以提升品牌价值的机会，甚至愿意为品牌付出最多的资金。

正因为可口可乐能把握住每一个塑造品牌价值的机会，对品牌进行了大量的投入，才能让品牌产生如此大的影响力。对可口可乐来说，品牌的价值远远大于产品的价值，哪怕可口可乐的工厂一夜间全部覆灭，只要品牌还在，可口可乐就能够凭借品牌价值一夜复出。因为品牌价值是根植于消费者心目中、根植于市场中，不会被外界因素轻易破坏的价值，所以任何想塑造价值的企业，都必须重点塑造自身的品牌价值。

整个市场中的客户都是随着价值流动的——价值流向哪里，客户就会流向哪里。企业只有塑造出自己的价值，才能让市场中的客户流向自己，进而让客户为企业创造更多的价值。

销售策略二：如何用好见证

在市场的同质化竞争中，永远不要去说自己产品的好，也不要去说对手产品的不好，否则就会陷入恶性竞争之中。产品的好是通过见证让他人感受的，让客户去说产品的好，才能让其他人真正感受到产品的好。因为见证人的见证比企业说出的千言万语都有效果。

（1）带来结果的见证

决定产品好坏的是企业，但是评判产品好坏的绝不是企业，而是产品的使用者。也就是说，任何产品的客户以及用户都可以评判产品的好坏。因此，如果企业能够让一个权威的见证人来评判产品的好，就能够让市场中的多数消费者都接受产品的好。企业寻找的权威见证人可以是名人、明星、权威媒体以及名企，只要能够获得这些权威见证人的认可，并让他们向外界传播产品的好，就能快速地提高产品的销量。

◎名人见证

名人见证是最简单的见证方式，就像现在很多电商喜欢请网红来直播营销一样。网红就是互联网上的"名人"，通过他们使用产品来见证产品的好，进而通过直播的方式再次让其他消费者见证产品的好，就会直接刺激消费者的购买欲。与此同时，网红为观众带来见证结果的时候离不开销讲。因为如果网红只是单纯地说产品好用，那么也很难完成高销售量，因此还要通过销讲来吸引观众的注意力，才能真正地把见证结果传达给观众。

◎明星推荐

明星推荐是现在常用的见证方式，就像现在的大型企业都不可避免地要请明星代言一样。明星是多数人都熟悉的人，名气越大的明星消费者对他的信任也就越强烈。因此，让明星来推荐企业的产品成为现在多数企业的主流见证方式。哪怕像小米这样以"饥饿营销"的方式通过网络销售产品的企业，也按捺不住请了梁朝伟、吴秀波、刘诗诗等大牌明星来代言。实际上，小米就是希望通过明星推荐来见证产品的好。

◎权威媒体

虽然在互联网带来的自媒体潮流下，一些权威媒体的风头逐渐被自媒体掩盖，但是在销售中依然不能小看权威媒体的影响力。权威媒体是经过多年形成的，是具备绝对信任度的媒体。互联网上的信息杂乱，真假信息鱼龙混杂，导致互联网中的信息很难让消费者相信。而权威媒体就与网络中的自媒体不一样，权威媒体经过多年的发展早已把信任根植在所有人心目中，就像没有人会怀疑《新华社》和《人民日报》的报道一样。如果企业能够让权威媒体成为自己的见证人，那么不仅能够吸引大量客户，而且能够优化客户心目中的产品形象，进一步提高客户对产品的信任度。

◎名企见证

名企见证就是自己企业所服务的或者合作的大企业案例。比如某大公司就是我们的企业在提供服务，这就是说服力，有代表性的大公司都选择了我们，你有什么理由不选择我们呢？再比如某公司是我们的合作方，这就是公司实力的彰显，大公司都选择跟我们合作，那么我们一定是具备权威性和实力的。

五粮液干一杯全国运营平台的创始人——汤守骏女士，她在以前的工作和生活中语言表达能力有点问题，造成和家人、客户、朋友之间的沟通不畅。2016 年 9 月 22 日，一个偶然的机会，汤守骏女士参加了陈飞老师演讲落地分享会，被陈飞老师的舞台魅力和演讲能力深深吸引。陈飞老师的一席话像钉子一样深深地扎到了她的心里：演说创造奇迹，语言成就人生，万事的根源都在自己身上，如果你想改变别人，首先要改变自己。只有自己变得更强大，才是解决一切问题的根源，才能影响和改变身边更多的人！于是她开始跟随陈飞老师学习，她之前也听过很多老师的课程，却被陈飞老师的落地教学方式所吸引：小班辅导，导师班密训，企业走访，不单单是教会学员演讲，更是致力帮助学员的企业良性发展和运作。她深深地被陈飞老师的学识和胸怀所打动，同时也深深地反省：读万卷书不如行万里路，行万里路不如阅人无数，阅人无数不如名师指路……她之前的学习结果之所以不怎么好，那是因为没有找到正确的人生导师。随着系统地学习了陈飞老师的课程，她的事业和生活发生了翻天覆地的变化，身边的一切都在改变：她将陈飞老师的"销讲系统"运用到销售上，效果立显，简单一小时的分享就销售了 98000 元的酒，取得了巨大的进步！随着不断跟随陈飞老师学习，个人突破越来越大，企业销售业绩也越来越好。她已经在不知不觉中成为一个自信、快乐、充满正能量的女性，影响着周围的一切发生改变，变得越来越好！

对于多数消费者来说，其实见证的过程并不重要，重要的是权威见证的结果。这些权威见证人说产品好，那么消费者自然就会认为产品好，进而产生购买产品的欲望。伴随着多数见证人对产品的见证，企业的产品就能够被市场中的多数消费者接受，进而让消费者也理所当然地认为企业的产品本来就非常好。在市场中多数消费者的认可之下，不仅可以让企业在市场竞争中占据有利地位，还有可能让企业进军世界名企的行列。

（2）综合见证的方法

为企业带来结果的见证，确实能够在一定程度上扩大企业的销售市场，让更多的消费者愿意购买企业的产品。但是企业如果想要真正地让市场中的多数消费者都认可产品的好，就必须用综合见证的方法，拿出让所有人认可的证据，进而获取整个市场的信任。而综合见证可以通过综合同行见证、数字化见证、购买理由、大量见证来实现。

◎同行见证

同行见证实际上就是最有效的见证，但是许多人会走进同行见证的误区。因为多数人都认为，只有在两者没有利益冲突的情况下才能彼此见证，同行之间有利益冲突时不适合用来见证。实际上，这是一种错误的想法。

> 2017 年是宝马成立的 100 周年，也是奔驰成立的 130 周年。在宝马 100 周年的时候，奔驰给宝马发来了贺电，贺电中有一段文字是"感谢宝马 100 年来的竞争，没有你的那 30 年好无聊"。奔驰这段文字，除了告诉宝马"我比你还早 30 年"之外，还表达了对宝马这个竞争对手的敬意。同样，在培训行业，很多公司也想跟我合作，让我去为他们的学员授课，会对学员推荐我。

既然宝马和奔驰这两家大佬级别的公司都能彼此见证，那么其他的同行之间也能彼此见证。同行之间并不只是竞争和敌对关系，反而在更多的时候同行之间都谋求一种互相竞争又互相扶持的平衡。

◎数字化见证

所谓的数字化见证，就是利用数字综合统计来给消费者展示产品的好坏。这种方式对大型企业和发展迅速的企业来说非常适合，但是不适合发展较慢的中小型企业。因为大型企业和发展迅速的企业数据更新快，导致数据的落差也非常大，而落差大的数据才能给消费者带来直观的冲击力。比如华为轮值 CEO 徐直军在 2017 年新年献词中透露："2016 年华为销售收入预计将达到 5200 亿人民币，同比增长 32%。"哪怕华为并没有把这个数据对市场进行公开，但是依然很快地就通过各大媒体流入到市场中，并被市场的消费者所接受。华为本身就是一家大型企业，再加上销售额的数据统计见证，更证明了华为确实在不断地进步，进而巩固了华为在消费者心目中的品牌形象。

◎购买理由

既然想要顾客尽可能地快速购买，就要给客户足够的购买理由、无可抗拒的购买理由。客户有 100 个理由不买你的东西，你就给他 101 个购买你东西的理由。

比如有一个人告诉我他不用学习销讲，那么我就会告诉他学习销讲系统的众多理由：

◎教你产品如何狂销热卖，倍增销售业绩，实现财富倍增。

◎学会引爆自身的能量、引爆孩子的能量，充满热情和斗志。

◎学会打造一个向市场要钱的狼性团队，而不是向自己要钱的无用团队。

◎教会你如何植入正确信念，改变潜意识，让员工把你当成偶像，让孩子自动自发学习。

◎提升你的说服力，学会如何一对一营销、谈判、沟通、说服！

◎学会如何正确发问，问出需求和渴望，把话说出去，把钱收回来。

◎培养员工感恩忠诚的心态，提高执行力，倍增领导力。

◎拿掉大脑中的自我设限，提升自信，持续保持巅峰状态！

◎寻找人生新突破，找到人生教练，实现人生目标，引爆你的生命。

看完这些理由，还会有人觉得自己不需要学习销讲吗？

◎**大量见证**

所谓的大量见证，就是让大量的顾客共同见证。当所有的顾客都说产品"好"的时候，那么企业、品牌的口碑和影响力自然就提升了。

销售策略三：如何搞定大客户

　　企业想要真正地快速赚钱，主要通过服务大客户、挽留大客户以及利用正确的销售策略来搞定大客户，进一步为那些给企业带来最多盈利的大客户创造更多的价值。在客户层级管理的基础上，铂金客户就是主要的大客户。在为这些大客户提供大部分产品资源的同时，还要通过优质的服务来满足他们，以此提高他们的消费体验，从而对企业的产品、企业的服务产生依赖感。在销讲的销售系统中，服务大客户也有一套行之有效的"服务法"，落实这套大客户服务法，就能有效地维护企业的大客户。

　　所谓大客户主要有两个方面的含义：一方面指客户能够为企业带来的价值大，这20%的大客户可能为企业贡献了80%的盈利；另一方面指的就是客户的范围，不是指一般的消费者，而是指批发商、经销商、代理商和分销商。无论是哪个方面的含义，大客户毫无疑问都是为企业创造最大价值的客户群体，因此企业必须通过特别优秀的服务来留住这些大客户，尽可能地避免大客户的流失，最好让大客户对企业形成一定的忠诚度。

　　戴尔的销售部门分为两个部分——负责大客户的 LCA 和负责小型机构和家庭消费者的 HSB。普通的消费者可以找 HSB 部门来服务，而 LCA 则专门服务于戴尔所有的大客户。所有的大客户有任何要求，都可以在 LCA 中找到固定的服务人员。因此，戴尔与客户之间等于没有中间商，就是与所有的客户建立了直接联系。正因为戴尔与客户的直接接触，让戴尔能够直接听到客户的要求，进而销售部门可以把客户的要求反馈给市场部、生产部、研发部，进而生产出更好的产品来服务客户。

戴尔的销售部门已经成为整个企业的核心，甚至让市场部、生产部、研发部等都围绕着销售进行。可以说整个企业的生死都掌握在销售部门的手里，而销售部的兴盛与衰弱则掌握在大客户的手里。只有倾听大客户的需求、满足大客户的需求，才能让大客户对企业产生依赖性，所以戴尔才会成立专门负责大客户的LCA。而倾听大客户的需求并生产相应的产品，只是满足大客户的手段之一，想要在满足大客户的基础上快速增加客户的基数，就必须实现"大客户服务法"中的四个重点。

（1）帮助大客户提高销售业绩

帮助大客户提高销售业绩对大客户来说是最重要的服务。对企业的大客户来说，他们采购企业产品的主要原因，就是企业的产品能够快速地销售出去并为他们带来大量的利润，大客户才会把盈利回馈给企业。因此，如果企业能够帮助大客户提高销售业绩，那么大客户回馈给企业的盈利自然也随着业绩一起增长。

（2）帮助大客户介绍更多的客户

帮助大客户介绍更多的客户，实际上也就是间接为大客户提升他们的业绩。企业可以试图把木头客户和黄金客户介绍给那些大客户，让木头客户和黄金客户在大客户的手中成交，进而提高大客户的销量。从表面上看，把企业的木头客户和黄金客户介绍给大客户，似乎是一种烦琐的事情，又为企业造成了一些损失，但是通过为大客户介绍更多的客户，可以提高大客户为企业带来的价值。只要大客户的销量提升，他们就会从企业购买更多的产品来提高业绩，那么企业的盈利自然也就会上涨。

（3）大力促销产品，引诱更多人购买

客户的需求是产品销售的核心点。对大客户来说，他们购买产品的原因就是产品能够让他们赚到更多的钱。他们通过经销、分销等多种渠道，把产品送到消费者手中，让产品满足消费者的需求进而快速赚钱。但是消费者的需求却难以把握，当今社会很少有消费者会为了生理需求而购买，半数以上的消费者都是为了满足心理需求而消费。既然消费者的心理需求很难掌握，那么企业就可以通过促销的方式来创造消费者的心理需求。就像小米的"饥

饿营销"一样，企业可以通过创造消费者的心理需求，进而引诱更多的人去购买产品。而最直接的创造消费者心理需求的方式就是做好前期的促销工作。

企业可以通过促销产品来创造产品走俏的局面。一般情况下，大众消费者在看到某种产品拥有较高的销售量的时候，就会自然而然地对这种产品产生好感。甚至有些消费者在看到巨大的产品销售量之后，哪怕对该产品没有任何实际需求，也会产生一定的心理需求。

（4）不断地感动大客户，为大客户带来惊喜

所有的企业都要以真诚、努力、付出的心态来面对每一位客户，尤其是要以真诚的心感动大客户，用充满创意的想法为大客户带来惊喜。只有不断地感动大客户、为大客户带来惊喜，大客户才会在企业的服务中感受到快乐，进而让大客户感受到企业的人情味，并对企业产生依赖。

只要通过大客户服务法满足了大客户的需求，就能够让大客户带来更多的产品消费者，进而快速增加企业客户的基数。大客户为企业带来的消费者所创造的盈利，往往比企业自己的木头客户和黄金客户创造的盈利更为丰厚。

快速提升销讲业绩的两大模式

业绩是销售系统能否赚钱的关键因素，也是决定销讲质量的评判标准。只有拿出漂亮的业绩，才能证明销讲是成功的，才能获得盈利。无论是塑造价值、用好见证还是搞定大客户，都是为提升业绩而服务的。而快速提升销讲业绩也有固定的两大模式——免费模式和渠道模式。只要能够在用好销售策略的基础上使用这两大模式，就能够不断地为企业以及个人的销售业绩创下新高度。

（1）免费模式

多数人认为销售中最忌讳的就是"免费"。那些不喜欢免费的商人都认为有交易才能赚钱，免费从表面上看只是单方面的给予，不涉及金钱交易进而无法产生利益。实际上，免费可以帮助很多销讲者更好地赚钱。因为免费是一种"诱饵"，是利用心理战术的一种模式。比如腾讯QQ刚刚推出的时候，就是一款免费的社交软件，所以QQ才会被大众消费者接受；盛大游戏在2005年成为我国首次推出免费网络游戏的企业，进而推动了盛大游戏的快速发展，让盛大能够在2009年在美国成功上市；以免费为特色的360杀毒软件就为奇虎360公司带来了巨大的收益，如今的360杀毒软件已经成为我国网络安全的领先品牌……这些把"免费"当成特色的企业，都成了"免费"的最大受益者。免费是吸引消费者的最有力的武器，任何行业都可以利用免费来吸引客户，销讲也同样如此。

销讲的免费模式就是让客户免费进入到销讲者的观众席中，让客户当免费倾听销讲的观众，进而为自己创造把产品介绍给消费者的机会。通过让客户免费进入销讲、免费了解销讲的内容，进而让更多的客户认同企业的产品，甚至通过试用的方式让客户可以"免费购买"，在客户从各种"免费"中体验到产品的好处之后，就会从心理上接受产品，然后愿意为产品掏钱。就像QQ的使用者在免费使用QQ的时候，有些还会掏钱购买QQ会员、QQ秀等附加产品一样，只要通过销讲的免费模式让客户对产品产生好感，自然就会为企业带来盈利。

（2）渠道模式

除了免费模式之外，渠道模式也是提升销讲业绩的重要模式。实际上，渠道就是现金流，就是利润。企业可以不用向银行贷款，但是一定要向渠道投资，保证现金流的正常运行。所谓的现金流，就是企业一段时间内现金的流入和流出。许多大型企业连年亏损还能照常运行的主要原因，就是现金流的帮助。拥有了渠道，销讲也可以靠着现金流来维持业绩、提升业绩。对于销讲的销售系统来说，获取渠道的方式主要有两种，分别为渠道招商法和借渠道的方法。

◎渠道招商法

所谓的渠道招商法，就是先做样板市场，然后通过各种途径的广告来为销讲造势，邀请优质的客户参加招商大会、广交会，进而制造出大品牌的形象。

比如华德瑞纳米科技股份有限公司主要经营新型纳米液体玻璃产品，作为一个新兴行业，产品快速打入市场是迫在眉睫的需求，总经理能孟辉也一直在寻找可靠的合作伙伴和渠道，希望能将产品迅速投入市场。一直以来能孟辉都很不喜欢外面的培训课程，认为培训不切实际。在一次偶然的机会，能孟辉的爱人带他参加了我的"销讲系统"课程，我那时讲到的销讲核心刚好能解决他最为头疼的渠道招商问题，让他一下子对教育培训的认知发生了巨大转变。而在那之后，他更是深度捆绑平台，我也在招商方面给予他大力支持，我曾多次出场协助他做招商活动，效果都非常好，我手把手教会他如何用销讲打造这款产品，甚至在自己的课程中为熊总开放舞台去销讲，他的演讲进步非常快，招商效果也越来越好。

◎借渠道的方法

借渠道的方法，实际上就是借其他企业的渠道来代销自己的产品。这种方法又叫"傍大款模式"，客户端越是相似的渠道，整合起来越是简单方便。

只要能够掌握渠道，就等于掌握了现金流的运行方法。只要掌握住现金流，就可以在现金进出之间快速地盈利，并让企业得到迅速的发展。哪怕企业在实际销售的时候处于亏损状态，还能靠渠道来获得一定的周转资金。

无论是免费模式还是渠道模式，都能够快速提升销讲业绩。但是所有的业绩都是建立在庞大的客户基数以及完善的销售策略之上的，在打开赚钱的销讲思维的前提下，才能真正将销讲的业绩提升上去。

第七章

销讲发问系统：
形成创造性的洞察力

能够改变世界的领袖，必定能够预见世界的未来发展。学会预见的第一步，就是形成创造性的洞察力。而销讲的发问系统，就是形成创造性洞察力的核心基础，因此只有会发问的人才有足够的能力去洞察世界、洞察市场、洞察客户。会发问的销讲者，必定具备了发问的八大信念，会用开放式和封闭式问句问出顾客的渴望和价值观，并且解除顾客的所有反对意见。甚至还可以用问的方式来放大顾客的快乐和痛苦，让顾客在被问的过程中立即购买销讲者的产品。同时，销讲的发问系统还能让顾客转介绍，进一步吸引更多的顾客为销讲者带来巨大的盈利。

发问的八大信念

在变化莫测的市场环境中，销讲者必须具备敏锐的洞察力，才能及时了解消费者的需求，进而创造出有价值的产品来满足客户。对于销讲者来说，形成创造性洞察力的关键就是销讲的发问系统。只有利用好发问系统，才能让销讲者及时探测到市场当下的主流需求和未来可能出现的需求。但是在发问之前，必须要掌握发问的八大信念，才能辅助销讲者更好地问出自己想要的内容。

（1）销售不是向顾客卖东西，而是帮助顾客买东西

许多的销售员都会走进"自己是在向顾客卖东西"的误区，因为人总会站在自身的利益去思考。只有把东西卖掉，销售员才能获得自己应得的利益。然而销售员在考虑自己的时候，顾客考虑的同样也是自身的需求。销售员如果不能和客户站在同样的角度去考虑问题，那么就很难在销售的过程中进行沟通，销售员也很难问出客户的想法。要顾客站在销售员的角度去考虑是不现实的，因为客户是盈利的来源，所以才需要销售员站在顾客的角度去考虑。也就是说，销售的信念之一不是向顾客卖东西，而是帮助顾客买东西。只有怀着"帮助顾客买东西"的想法，才能让销售员与顾客达成"统一战线"，进而更好地辅助销讲的发问系统。

（2）销售就是找出顾客的问题并解决顾客问题的过程

在与顾客沟通的过程中，如果销售员只是自顾自地介绍产品，那么无论销售员把产品讲得多好，顾客都不一定会接受。因为销售员讲的大部分内容可能对解决顾客内心的问题没有任何帮助。只要顾客觉得产品对自己的问题没有任何帮助，哪怕这个产品完美无瑕，也无法激起顾客的购买欲。那么，

销售员该如何解决顾客的问题呢？解决问题实际上并不难，最主要的是要先发现问题，然后再针对顾客的具体问题来解决问题。

> 比如我有一门小孩子的课程是"少儿明星演说班"，每次在跟家长谈到这个课程的时候，我都会问几个问题：
>
> ◎家里是否有小孩？——确定需求客户。
>
> ◎孩子是否在读书？——确定孩子年龄。
>
> ◎孩子是否听家长的话？——发掘家庭教育问题。
>
> ◎与陌生人交流是否有障碍？——孩子是否有胆怯怕生的现象。
>
> ◎是否希望孩子充满自信？——满足需求。
>
> ◎是否希望亲子关系融洽，孩子听话？——满足需求。
>
> ◎是否希望自己的孩子成为同龄人中的佼佼者？——放大父母需求。

销讲的发问系统就是找出顾客问题的绝佳方法。只要通过销讲的发问系统找出顾客的问题，对产品有深刻了解的销售员就能马上从产品的优势上找到为顾客解决问题的办法。因此，发问系统的信念之二就是把销售当作找出顾客问题、解决顾客问题的过程，并以此为核心来服务顾客。

（3）销售是一门引导式的学问，引导的关键是发问

销售实际上与引导密不可分，所有的销售员都是顾客购买的引导者。如何正确地引导顾客是销售引导的关键，而正确引导的关键则是发问。只有问出顾客的基本情况、聆听顾客的基本需求，才能正确地引导顾客去购买产品。现实中许多顾客可能不愿意直接说出自己的需求，需要销售员的引导才能间接问出他们的需求，这都是发问引导的内容。

（4）销售员的角色是行业中的顾问

销售员在向顾客销售产品的时候，一定要让自己跳出"销售员"这个角色，而要把自己放到资深人士、行业专家、问题解决者此类角色中。因为销售员的角色实际上就是行业中的顾问，不仅要对自己销售的产品有所认知、对产品所处的行业有深刻的了解，还要了解顾客所有的问题和需求。

（5）不是对方不配合你，是你问的问题不够好

多数销售员都吃过顾客的"闭门羹"，可能销售员绞尽脑汁、想尽办法就是撬不开顾客的嘴，无法得知顾客到底想要什么，甚至直接让顾客产生反感的情绪。出现这种情况的原因，并不是顾客故意刁难不愿意配合，而是销售员的问题不够好，没有问到顾客的期望之处。只要问题足够好，问出问题的方式让顾客乐于接受，那么顾客自然就会积极配合销售员的提问。

（6）你可以把任何产品在任何时间销售给任何人

台湾著名的企业家王永庆曾说过："卖冰淇淋必须从冬天开始，因为冬天顾客少，会逼迫你降低成本、改善服务。如果能在冬天的逆境中生存，就再也不会害怕夏天的竞争。"看似在冬天卖冰淇淋是一件不合常理的做法，实际上却是区分顶尖销售员与普通销售员的标准之一。因为顶尖的销售员，可以在任何地点、任何时间把任何产品销售给任何人。

现在许多行业的销售都有淡季与旺季的区分，实际上这也是销售不成熟的表现。只要拥有"可以在任何地点、任何时间把任何产品销售给任何人"的信念，就会让产品的销售量一年四季都维持在旺季的状态。

（7）销售最重要的是挑选顾客，挑选顾客的核心是发问

没有哪一款产品是适用于任何人的，你的目标客户群体是具备了特定标识的，比如你要推荐汽车保险，那么你的目标客户一定是有车一族，没车的人肯定不会买汽车保险。所以，跟一个不具备消费标识的客户推荐产品是没有任何效果的。对销售员来说，挑选客户很重要，可以大大节省销售的时间。而发问是为了更全面、更真实地了解客户，通过提问的方式，让客户说出我们需要的信息，从而来判定这个客户是不是我们的目标客户。所以，完成销售的前提是通过发问挑选了一个正确的顾客。

（8）发问不是一种技巧，而是一种惯性

实际上，在销讲系统中，发问并不是一种技巧，而是融入在销讲系统中的惯性。只有让发问形成一种惯性，才能让销售员无比自然地提出自己的问

题，同时也能让顾客自然地回答销售员的问题。比如在日常销售过程中，有意识地养成用问句来沟通而非用陈述句沟通的习惯。销售者要善于做一个倾听者，通过发问的方式尽可能地引导顾客多说，而自己要多听顾客的话语。顾客说得越多，暴露需求就越多。

　　发问的八大信念是所有利用销讲进行销售的人必备的素质。只有从自身出发，让自己灵活掌握并运用这些发问信念，才能为销讲的信念系统奠定稳固的基础，进而让自己更具创造性洞察力。

开放式问句和封闭式问句

在销讲的发问系统中，并不是只要问清楚问题就能得到客户的回答。客户用模糊不清的说法来保护自己也是一种正常现象，甚至有些客户会直接摆出拒绝的态度。然而销售员并不能因为客户的拒绝而退缩，反而要学会在恰当的时候用一些特殊的问句来"撬开"客户的嘴，从发问中获得自己想要的信息，才能让产品满足客户的需求。

发问是一门让客户开口的学问，不同的问句会带来不同的效果。销讲的发问系统把所有的问句分为两大类——开放式问句和封闭式问句。只要能掌握这两大类问句，在不同的情况下使用不同的问句来提问，再配合适当的辅助性话语，就能够做到既让客户感到舒服、自然，又问清楚自己想要的内容。

（1）开放式问句

在开放式问句中，可能包含了"为什么""如何""怎么"等关键词，进而引导客户按照销售员的思路来回答问题。比如"您为什么要更换以前的设备""您如何看待这个产品""您觉得这件产品怎么样"等，不同的问法都会产生不同的效果，进而引发客户不同的回答。在问出开放式问句之前，一定要让销售员与客户建立良好的关系，最好让客户对销售员产生良好的信任，否则开放式问句容易引起客户的警惕和反感。与此同时，开放式问句也不宜连续询问。哪怕销售员与客户之间已经建立了非常亲密的信任关系，如果客户被连续的问句"逼问"，也会让客户产生被"审问"的错觉，进而产生抵抗的情绪。但是，只要能在适当的场合使用开放式问句，就能够从客户身上挖掘大量的信息。会使用开放式问句的销讲者应避免开放式问句的不当的使用场合，进而发挥出开放式问句的七大作用。

◎获得对方的信息

对销售员来说，获取顾客的信息就是掌握客户需求的核心。开放式问句就是问出客户信息的最好方式。比如问顾客"您觉得好的产品应该具备什么样的特点"，当顾客把他们心目中的好产品的特点说出来的时候，销售员也就间接掌握了客户的需求。因为对客户来说，"好产品"就应该具备与他们的需求吻合的"特点"，从而让销售员了解客户的产品需求信息。

◎引起顾客对特定问题的思考

因为开放式问句没有限制客户回答问题的方向，而是让顾客根据自己的喜好来做出回答，所以就可以借助开放式问句让顾客围绕特定问题来思考，并给予回答。

◎找出顾客究竟在想什么

由于开放式问句给顾客的"自由发挥"空间大，因此顾客面对开放式问句时，多数会按照自己内心的真实想法来回答问题。虽然有少数顾客面对提问时，会用含糊不清的说法来搪塞，但是哪怕是一些"含糊不清"的说辞，也会在某些方面间接表达客户的真实想法。因此，开放式问句可以帮助销售员找出顾客究竟在想什么，进而辅助销售员更好地窥探客户的内心需求。

◎找出顾客所相信的事

正因为开放式提问能引导顾客说出内心的想法，所以才能找出顾客所相信的事。只有找到顾客相信的事，才能找到让顾客相信销售员、相信品牌、相信产品的机会。同时，找出顾客所相信的事，才能让销售人员与顾客在彼此信任的基础上形成长期合作的关系。

◎建立信赖感

销售员与顾客的信赖感建立在找出顾客所相信的事的基础上，只有找到顾客相信的事，才能有机会让顾客对自己产生信赖感。对于销售来说，信赖感是达成交易的重要因素。只有让顾客对销售员产生信赖感，才能让顾客愿意购买产品，甚至对销售员所说的话"深信不疑"。

◎ 引起双方互动

开放式问句是引起销售员与顾客双方互动的最佳方式。但是能够引起双方互动的问题一定是销售员提出的顾客感觉"有意思"的问题。只有顾客觉得问题"有意思"、值得他们做出反应，才会让他们产生回答的兴趣，进而避免在沟通过程中出现冷场的局面。

◎ 让对方进入购买情形

销售员销讲的目的就是为了让顾客产生购买的行为，因此销售员可以通过开放式问句提前让顾客进入购买情形。用开放式的问句以对话问答的方式可以让客户提前感受购买的情形，模拟出顾客在购买过程中可以享受到的服务。只要顾客对购买情形感到满意，自然就会产生一定的购买欲望。

对销售员来说，只要能够在销讲中恰当的场合用好开放式问句，就能够通过开放式问句获得许多意想不到的顾客信息。同时，只要销售员能够掌握提出开放式问句的节奏，就能够让顾客在回答问题的过程中放松心情，进而使销售员能够更好地拉近自己与顾客的关系。

（2）封闭式问句

封闭式问句就是在问题中提出有限的选项，进而引导顾客在有限的选项中做出选择。在销讲中，常用的封闭式问句往往只会给顾客提供"是"与"否"的选择，比如问某种品牌"好不好"、某种服务"行不行"、某种产品"要不要"等。封闭式的问句虽然不像开放式问句那样会给予顾客自由回答的空间，但是只要避免过于频繁并且咄咄逼人地使用封闭式问句，同样也能让封闭式问句发挥出巨大的作用。

◎ 确认对方讲过的话

封闭式问句可以在一定情况下，帮助销售员确认顾客说过的话。比如在利用开放式问句问出顾客的需求后，如果顾客对需求信息的表述比较模糊，那么销售员就可以问顾客"是不是"有某些方面的需求，进而来确定顾客的需求信息。需要注意的是，不能反复确认顾客说的话，否则很容易让顾客觉得销售员没有认真听他说话，甚至让顾客产生不耐烦的情绪。

◎ **确认对方的意愿度**

封闭式问句也是确认顾客意愿度的绝佳方式。因为在开放式问句中，顾客的回答太过自由且充满随意性，销售员很难通过开放式问句来明确顾客的意愿度。然而在封闭式问句中，由于顾客的选择有限，甚至可能只有"愿意"和"不愿意"这两个选项，这样就能够帮助销售员来确定顾客的意愿。

◎ **得到自己想要的回答**

通过发问得到自己想要的回答的效果，这也是销售谈判中常用的心理默认成交方式。这种方式就是让客户被你的问题带入到成交环境中，增加成交筹码。比如问客户"你是现金支付还是刷卡支付？""您是买一套还是买两套？""您是成为初级 VIP 还是高级 VIP？"

◎ **测试顾客的需求、想法**

封闭式问句还能帮助销售员来测试顾客。比如测试顾客是否有某些方面的需求，测试顾客是否有购买某种产品的想法，测试顾客对某种品牌是否有好感等。但是当销售员用封闭式问句来测试顾客的时候，一定不要对顾客的隐私进行探测，否则会让顾客产生反感的情绪。

在销讲的发问系统中，"问"不仅是销售员了解客户需求的手段之一，也是销售员寻找向顾客介绍产品的机会与方法。销售员在提出问题的时候，一定要注意问题涉及的范围要逐步缩小，也就是最开始提出的问题以开放式问题为主，在与顾客逐渐拉近关系之后，才能适当地用封闭式问句来获得更准确的信息。

问出顾客的渴望

发问是挖掘客户渴望的关键，是销售员引导顾客购买的前提。挖掘顾客的渴望，实际上就是通过发问来问出顾客的需求。只要能够不断地问出顾客的需求，让这些需求不断地积累，最终就能够问出顾客的渴望，让顾客了解他们真正渴望的产品。然而问出顾客的渴望是一个循序渐进的过程，需要经过三个步骤，才能达到目的。

（1）问出顾客不可抗拒的事实

问出顾客的渴望一定要从顾客不可抗拒的事实开始。因为对顾客来说，所有的销售员都是为了让他们掏钱才接近他们的，所以顾客就会有所防备。如果在一开始就提出问题，只会加强顾客的防备心理，进而造成顾客总是与销售员"唱反调"的局面。如果销售员能先从事实入手，问出顾客不可抗拒的事实，就能够让顾客迅速进入与销售员沟通的良好状态。

（2）把事实变成顾客的问题

在问出顾客不可抗拒的事实之后，就要尝试把事实变成顾客的问题。因为事实只是事实，但是事实可以成为支撑问题的依据。建立在事实基础上的问题往往就是顾客急待解决而又找不到解决办法的问题。如果能提出这些问题，就会引发顾客对问题的共鸣，进而让他们产生认同感。

在问出顾客不可抗拒的事实之后，顾客对销售员的戒备就会有所放松。此时，销售员就可以尝试把事实变成顾客的问题。假如顾客是一名领导者、是一名刚刚创业的创业者或者刚刚晋升上位的主管，那么"领导者需要站在舞台上演讲"就是他们的事实，接下来就可以根据这个事实提出问题。

◎您有没有出现过站在舞台上脑袋一片空白，肚子里有东西却讲不出来的情况？

◎您有没有出现过想讲的内容很多，却思维混乱，不知道从何讲起的情况？

◎您有没有出现过在公司开会时，您在上面讲，下面的人听不进去，甚至倒头大睡的情况？

◎您作为公司的领导者，是如何激励团队士气的？

这些问题一定是长期总结出来的多数领导者会出现的问题。而"有没有"就是封闭式问句。当领导者回答"有"时，就等于把事实已经成功地转变为问题了。但是，有些防备心理特别强烈的顾客会回答"没有"，这是不可避免的，出现这种情况就可以用开放式问句问他"如何做"。如果顾客回答模糊粗糙，那么销售员的机会就来了；如果顾客回答得相对细致，那么就去找出回答的不足点为他们做补充。毕竟人无完人，很少有人能对"如何做"这类问题做出完美的回答，只要出现缺陷点，就会给销售员创造找出问题的机会。

毕竟销售是一个"帮顾客解决问题"的过程，而把事实变成顾客的问题实质上就是变相地为顾客找出问题。只有找出问题，销售员才有机会为顾客解决问题。

（3）把问题变成顾客的渴望

在找到顾客的问题之后，销售员就要通过产品来解决顾客的问题，实际上就是洞察顾客购买产品的渴望。因为销售的最终目标是达成交易，而顾客在交易之前一定产生了对产品的渴望。顾客渴望的实质是迫切希望解决自身的问题，顾客购买产品的原因也是为了解决问题。因此，只要用问题的积累来引发顾客的渴望，就能够达成快速交易的目的。

是否交易的决定权在顾客手中，但是销售员却可以引导顾客来做决定。因此，销售员首先应该设计好自己问出问题的方式、应该提出什么样的问题，然后再一步一步在实战中用"问"来洞察顾客的问题，最后问出顾客的渴望，让顾客在渴望的促使下达成交易。

用发问把产品塑造到无价

满足顾客的渴望，只是销讲发问系统完成的第一个目标。在满足顾客渴望的基础上，还要用提问的方式把产品塑造到无价。因为所有的顾客都渴望买到性价比高的产品，作为产品的生产者、销售者，我们清楚地了解"一分价钱一分货"，当然顾客也清楚这个道理。即便如此，顾客也依然渴望"花最少的钱，买价值最高的产品"。当销讲者能用问的方式在顾客心目中把产品塑造到无价的时候，顾客无论花多少钱都会觉得购买产品是"值得"的。

其实，把产品塑造到无价的本质，就是尽可能地在顾客心目中为产品塑造价值。塑造价值就是假设顾客使用产品后，能给他带来哪些好处，激发他内心对产品的需求和渴望。比如我告诉顾客："如果你学会了销讲，可以让你企业的业绩迅速倍增十倍，你想要吗？""如果你学会了销讲，可以让你的员工死心塌地追随你，自动自发地去努力工作，你想要吗？""最有影响力的卓越领袖站在舞台上一挥手就可以改变无数人的命运，你想成为这样的人吗？""你是否希望打造属于自己的销售讲师团？当你在周游世界的时候你的团队就会在世界各地遍地开花。"只要这些由产品带来的结果都是顾客期望的，那么顾客都会回答"想要"，也会情不自禁地想要购买产品。

一位名叫汪萍的优秀学员，她公司主打的产品是印度尼西亚的燕窝。她向顾客销售燕窝的时候，不仅会告诉顾客燕窝出产于印度尼西亚、不添加化学制剂、有专业的消毒报告等产品本身的优势，还会告诉顾客产品能为他们带来更多的价值。

　　对一般人来说只是普通补品的燕窝，汪萍却用销讲的方式让顾客把燕窝与健康、美丽挂钩。因此，购买燕窝不再是买一种补品那么简单，而是买回健康与美丽。对人们来说，健康、美丽并非花钱就能轻易买到的，所以王萍成功地利用销讲把自己的产品塑造到了无价。

用发问解除顾客的反对意见

任何销售员在销售的过程中都会遇到顾客提出的反对意见，无论顾客的反对意见是否真实，都会成为阻挠销售的障碍。因此，用恰当的方式自然地解除顾客的反对意见非常重要。那么，销售员应该如何恰当又自然地解除顾客的反对意见呢？销讲的发问系统就能够为销售员提供一定的帮助，用发问的方式解除顾客的反对意见，进而让顾客接受产品。

既然用"发问"的方式引出顾客的渴望，用"发问"的方式把产品塑造成顾客心目中的无价产品，那么就可以用"发问"的方式解除顾客的反对意见。当销售员在前面都问得非常顺利，直到向顾客指出产品的优势之后，就不代表市场中没有同质化的产品可以解决一样的问题，因此就必须用"预先框式法"提前预知客户的问题，并为此做足充分的准备。然后再根据准备工作，在与客户沟通的实战中可以大胆地与竞争对手来比较，从而突出自己的优势和产品在市场中的优势。

（1）预先框式法

由于人的思维很容易被优先看到的事物所局限，因此销售员可以利用这一点来提前阻拦顾客的反对意见，这就是预先框式法。也就是说，当销售员知道客户会从某种角度去考虑产品的不足时，就可以采用预先框式法在顾客还没有提出反对意见之前，从另外一个角度"框"住顾客的思维，进而让顾客没办法提出反对意见。比如，适当地用一些封闭式问句来"框"住顾客的思维：

◎学习演说时，您是喜欢在台下随声附和？还是愿意亲自走上舞台，突破自我？

◎学习演说时，您是愿意单纯地学习理论知识还是愿意不断地上台演练？

◎演说就是先演后说，您觉得只是"说"比较好？还是打开肢体将"演"与"说"完美地相结合比较好？

预先框式法不仅适用于顾客提出反对意见之前，同样还适用于顾客提出反对意见之后。只要能把顾客的思维"框"在另外一个方面，就会自然而然地解决顾客的反对意见。比如顾客觉得产品"太贵了"，那么销售员就可以反问："高价的产品和绝对的产品质量刚好与您的身份地位相匹配，不是吗？"这样就可以把顾客对产品价格的意见，拉到"与自己身份地位相匹配"的思维框中。

（2）与竞争对手比较

销售员要想让顾客在市场众多的产品中选择某个特定的产品，就要拿这个产品去与竞争对手比较。比较并不是一定要分出产品的优劣，也不是为了抬高自己的产品、贬低竞争对手的产品，而是为了突出产品对顾客的适用度，让顾客觉得销售员推荐的产品才是最适合自己的。比如在销售演说课程时，可以拿自己的课程与其他大师的课程比较，问顾客："演说不在于老师讲得有多好，而在于学习课程后您能成为什么样的人，您是愿意跟着一位能够给你教练辅导的老师学习，还是愿意跟所谓的大师学习呢？"

对销售员来说，为了让顾客在销售员的问题中选择销售员想要的答案，就必须将提问建立在预先框式法的基础之上。只有灵活运用好预先框式法，才能定向引导顾客的思维，把顾客的反对意见"扼杀在摇篮里"，或者扭转顾客已经提出的反对意见。更重要的是，在与竞争对手比较的过程中不能直接提出产品好坏的问题，否则只会造成相反的效果，甚至让顾客选择竞争对手的产品。因此一定是"一环套一环"地将顾客"套"进"框"中，再慢慢地将顾客的思维自然地引进对销售员有利的框架内，进而让顾客做出销售员预先期盼的选择。

问出顾客的价值观

顾客的价值观决定了顾客对产品的印象、评价以及需求。只有顾客的价值观与销售员传递的产品价值观产生共鸣，才能让顾客对产品拥有购买的欲望。因为顾客的价值观会影响其购买决定、行动和心理倾向，引导顾客发现产品给自己带来的意义，甚至引导顾客的价值观还能让其树立一定的购买目标。因此，销售员在向顾客推销产品之前，可以通过销讲的发问系统来洞察顾客的价值观。通过询问的方式，间接引导顾客的价值观，进而把产品变成顾客想买的产品。

（1）顾客价值观的作用

顾客的价值观反映了顾客的认知，引导着顾客购买的动机，并间接影响着顾客对产品的需求。销售员在向顾客推销产品之前，事先了解顾客的价值观可以帮助销售员拉近与顾客的关系，进而能够让销售员与顾客进行良好的交流。只有在顾客展示出自己的价值观的前提下，才能让销售员有机会借助顾客的价值观对其进行产品销售。

华为CEO任正非说过："客户的价值观是通过统计、归纳、分析得出的，并通过与客户交流，最后得出确认结果，成为公司努力的方向。沿着这个方向我们就不会有大的错误，不会栽大的跟头。所以现在公司在产品发展方向和管理目标上，我们是瞄准业界最佳，现在业界最佳是西门子、阿尔卡特、爱立信、诺基亚、朗讯、贝尔实验室等，我们制定的产品和管理规划都要向它们靠拢，而且要跟随它们并超越它们，如在智能网业务和一些新业务、新功能问题上，我们的交换机已领先于西门子了，但在产品的稳定性、可靠性上我们和西门子还有差距。我们只有瞄准业界最佳才有生存的余地。"

对任正非来说，产品的好坏是由客户来判定的，而客户的价值观则直接影响了企业产品的价值，甚至会影响整个企业为社会创造的价值。因为客户的价值观引导了整个企业的发展，也是企业设计、生产相关产品的动力源泉，所以华为才会如此重视客户的价值观。任正非一直都在告诫华为的员工"以客户的价值观为导向，以客户满意度为评价标准"，把客户的价值观作为华为的行动准则，把客户的满意度当作公司的评判标准。

顾客的价值观不仅会影响销售员的销售业绩，甚至会影响整个企业的发展走向，因此客户的价值观在销售市场中发挥着重要作用。正因为顾客的价值观如此重要，所以才需要去深入了解顾客的价值观。无论是销售员，还是企业前期对客户价值观的调查，"问"无疑是寻找、了解客户价值观的最佳方式。只要能够灵活运用销讲的发问系统，就能够通过询问发现、改变客户的价值观，甚至能够引导客户形成全新的价值观。

（2）同步顾客的价值观

问出顾客的价值观看似简单，实际操作却并不容易。一般情况下，能力再强的销售员也很难让顾客毫无防备地直接说出自己的价值观，因此就必须综合运用开放式问句和封闭式问句，从侧面间接问出或者推敲出顾客的价值观，进而想办法让产品的价值与顾客的价值观同步。

想要通过询问来同步顾客的价值观实际上并不容易，因为每位顾客都有不同的价值观，所以询问每位顾客的方式也会有所不同。再加上各个顾客的性格、心理、行为方式等各方面的不同，也增加了问出顾客价值观的难度，进而让销售员难以实现产品的价值与顾客的价值观的同步。为了降低销售员同步顾客价值观的难度，可以从询问顾客价值观、改变顾客价值观、建立顾客价值观这三步入手，通过开放式问句和封闭式问句的有机结合来问出顾客的价值观。

◎询问：在销售员通过销讲的发问系统与客户建立了良好信任关系之后，就可以通过直接询问的方式来问出客户的价值观。如果顾客价值观的询问结果刚好与产品的价值相吻合，那么就可以把产品直接销售给顾客。

◎改变顾客的价值观：在很多情况下，顾客的价值观很难与产品价值直接吻合，那么就可以通过问的方式来改变客户的价值观。

◎为顾客建立新的价值观：有些顾客的价值观可能与产品完全没有关系，甚至部分顾客可能没有明确的价值观，那么可以尝试利用销讲的发问系统，通过问的方式来为顾客建立新的价值观，甚至还能让顾客直接购买。比如为了让员工确立目标，就可以问员工："你多久未回去见你爸妈了？你要带什么样的礼物送给他们？那你这个月要实现多少目标？"

价值观既是顾客购买的动力，又是员工努力工作的动力。只要能够问出顾客的价值观、改变顾客的价值观、为顾客或者员工建立新的价值观，就能够利用价值观让顾客产生购买的欲望，还能够让员工为工作更加努力地付出。

用发问加大顾客的快乐和痛苦

在问出顾客的价值观之后，就可以在顾客价值观的基础上用问的方法来加大顾客的快乐和痛苦。因为顾客的快乐和痛苦主要来自于他们的价值观，以及他们希望为自己、为父母、为爱人、为子女带来的价值，所以只要在问出价值观的基础上加大顾客的快乐和痛苦，就能够进一步加强顾客购买产品的动力。

（1）加大顾客的快乐

销售员在了解了顾客的价值观之后，就要在顾客价值观的基础上结合自身的产品来加大顾客的快乐，让顾客产生"只要购买，就能获得快乐"的感觉，并让顾客在充满快乐和幸福的前提下购买产品。在销讲的发问系统中，用问的方式加大顾客快乐的方法有很多，不同的方法能够在不同的方面加大顾客的快乐，能让顾客在快乐中产生购买的欲望。

◎利用成功来让顾客快乐：无论是什么样的顾客，一定都会渴望成功，那么销售员就可以用成功让顾客感到快乐进而让顾客产生购买的欲望。比如销售员问顾客："假如您站在公司台上通过演说复制更多像您这么优秀的成功人士，您觉得好还是不好？"

◎利用崇拜让顾客快乐：他人的崇拜同样会让顾客感到快乐，因此销售员就可以从他人崇拜的方面，让顾客感到快乐。比如销售员在与顾客建立了良好信任关系后问顾客："假如您通过演说让员工觉得您字斟句酌，员工都很崇拜您，把您当精神领袖，您觉得好还是不好？"当顾客觉得"好"的时候，就可以借机来推销产品了。

◎利用优势让顾客快乐：每个领域都难以避免同行之间的竞争，如果让顾客感觉自己在同行中占据优势地位，自然就会让他感受到快乐。比如销售员问顾客："假如通过演说吸引到同行业的精英，您觉得好还是不好？"顾客当然会觉得"好"。

◎利用实际盈利打动顾客：所有的顾客都希望自己购买的产品"物超所值"，没有什么能比实际的盈利数字更能让顾客感到高兴。比如销售员问顾客："如果通过《演说家》学习可以让您在 1 个小时内轻松招商 1000 万元，您愿意走进来吗？"顾客当然会为"1 个小时轻松招商 1000 万元"感到心动，会为这样的盈利数字感到高兴。

除此之外，还有许多其他加大顾客快乐的方法，但无论是什么样的方法，只要能够正确地加大顾客的快乐，就可以达到自己想要的效果。当顾客感到快乐的时候就会放松内心的戒备，自然而然就会同意销售员的观点，进而对产品的价值产生认同。

（2）加大顾客的痛苦

加大顾客的痛苦同样能够让顾客产生购买的欲望，不过在用问的方式加大顾客痛苦的过程中，一定要注意问的语气以及措辞，不能让顾客因为痛苦而产生不快的感觉。一般情况下，销售员可以从顾客失去的和即将失去的事物入手，让顾客产生恐慌进而不得不去认同。

当顾客为自己已经失去的和即将失去的事物感到痛苦的时候，销售员的产品如果能够让顾客避免失去的痛苦，就会让顾客产生强烈的购买欲望。因为没有人想要自己失去太多，对于多数人来说肯定都是期望自己得到的大于失去的。

如果用问的方式在不产生任何语言冲突的前提下，同时加大顾客的快乐和痛苦，就能进一步促进交易的完成。快乐能够让顾客产生购买冲动，痛苦能让顾客想要快速购买，将两者结合让顾客在快乐后又找出痛苦，就能够让顾客对产品的情感达到一个全新的高度。只要顾客对产品产生了好感，销售员只要再稍作努力就可以真正达成交易。

用发问让顾客立即购买

　　在销售中最好能让顾客能够立即购买。因为当销售员费尽心思引出顾客内心对产品的热情后，如果不能马上进行成交反而给顾客充足的时间"考虑"，那么顾客对产品的热情就会随着时间的流失而减少。销售员可以利用销讲在顾客对产品的热情最高昂的时候"趁热打铁"，用问的方式让顾客立即购买。

　　为了让顾客立即购买，销售员就必须提出让顾客立即购买的理由。销售员可以通过开放式问句和封闭式问句来从侧面帮助顾客做决定，暗示顾客必须立即购买产品。除了问出顾客必须立即购买的理由之外，还可以通过适当的优惠让顾客觉得"立即购买才最划算""买得越多就越划算"等。问出顾客必须立即购买的理由与优惠活动的结合，不仅能让顾客立即购买，而且能促使顾客尽量多买。

（1）问出顾客必须立即购买的理由

　　问出顾客必须立即购买的理由的重点并不是"购买理由"，而是找出理由让顾客"立即购买"。因此销售人员在让顾客对产品开始动心之后，要快、准、狠地找出顾客"立即"购买的理由，进而以最快的速度达成交易。

　　◎帮助顾客做决定：当可供选择产品非常多的时候，顾客往往在选择产品时就会犹豫不决。但是用问的方式就可以帮助顾客购买产品，甚至能够让顾客购买整套产品。比如销售员向顾客出售医疗产品的时候可以问："您是否想让您的家人和您一直维持健康呢？"所有人都非常注重自己的健康，顾客面对这样的问题肯定会回答"是"。那么销售员就可以让顾客做出购买"某一件产品"来维护个人健康还是购买"一套产品"来维护家人健康的选择。

> ◎为顾客提供选择：在顾客想要购买却犹豫不决的时候，销售员还可以为顾客提供有限的产品选择，让顾客"二选一"或者"三选一"，进而促成交易的完成。比如在顾客不知道是否选择听"演说家"课程的时候，就可以问他们："您是一定要学还是必须要学？"或者问他们："您是自己学习还是家庭一起学习？"在顾客犹豫的期间，销售员提出有利于自己的选择，进而让交易能够尽快达成。

在销售的过程中，销售员不能给予顾客犹豫的时间。所有的销售员必须抓住所有的空隙时间，通过提问来让自己占据主导地位，进而引导顾客做出有利于销售员的选择。然后再以问的方式，让顾客产生立即购买的想法，促使交易能够在最短的时间内完成。

（2）给予顾客适当的优惠

适当的优惠也能帮助销售员立即完成交易。特别是限时优惠和不同的优惠档次，再结合销售员恰到好处的发问，就会大幅度坚定顾客的决心，进而让顾客立即购买。很多促销活动也会采用所谓的"买二赠一""买五赠二""抽奖活动"等形式，但是此类活动仅适用于大众消费者购买小商品的时候。销售员面对"大客户"时，此类"小恩小惠"自然无法满足那些大客户，那么就需要根据大客户购买的实际情况来给予他们适当的优惠。

> ◎赠品优惠：对顾客来说，除了产品能够吸引他们之外，赠品对他们同样拥有吸引力。甚至有些顾客购买的原因完全就是赠品，因此给予顾客恰当的赠品优惠同样可以辅助销售员立即达成交易。比如顾客购买成套的产品，就送某些相关的限量产品，并传达给顾客"如果现在不购买，就会错过此次的限量赠品的优惠活动"的信息。
>
> ◎打折优惠：打折优惠是促使顾客购买更多产品的关键，比如顾客购买一件产品打九折、购买一百件产品打六折，或者购买某一种课程打八折、购买全套课程打六折。在这种优惠之下，同样也要告诉顾

客"如果现在不购买，就会错过此次打折优惠的活动"，进而让顾客觉得立即购买才是最好的选择。

　　适当的优惠只是帮助销售员发问的一种方式，而优惠的目的就是为了让顾客立即购买。如果顾客只是像超市促销那样，因为看到优惠才购买，那么销售员就失去了工作的意义。同时，这些因优惠才购买的顾客也不是真正的"黄金顾客"，只是优惠活动吸引而来的大众消费者。因此，让顾客立即购买的关键因素在"问"上，只有灵活运用销讲中的发问技巧，才能让真正的顾客立即购买。

用发问要求立刻成交

销售、成交的最佳时机永远在当下，如果这一秒可以让客户成交的时候，就永远不要拖延到下一秒。因为人的想法时时刻刻都在变化，你永远不知道客户在下一秒会产生怎样的想法。哪怕是在夏天销售羽绒服、冬天卖冰淇淋，成交的最佳时间点永远都是当下。所以，销讲者要学会用发问的方式要求客户立刻成交。

用问的方式要求立刻成交，看似直接，实际上却更加迂回、复杂。销讲者不可以通过问客户"你现在买不买"这种问题来逼迫客户成交，而是在客户的问题和抗拒都被破解的时候再要求客户立刻成交。比如某位客户现在对你已经完全解除了戒备心理，并且对你手里的产品也非常心动，但是他还在买和不买之间犹豫，或者说他还在等你给他一个买下产品的"机会"。那么你就可以问他"您是买一个还是买两个？""您是现金付款还是刷卡付款？""您是刷信用卡还是储蓄卡？"此类问题能尽可能地打消客户不买的念头。

在成交的过程中，能快就快，越快越好，但是也要注意不能急躁，要按照销讲发问的方式和过程来进行。如果客户还认为产品对他来说没有价值、顾客的反对意见还没有解除、顾客还觉得买不买产品对自己的影响都不大，甚至你连顾客的价值观都不清楚，那么你也不能急着用问的方式要求客户立即成交。

用发问要求顾客转介绍

与顾客建立销售关系并不是发问系统能为销售员带来的最后结果，发问系统的最终目的是让顾客在完成交易的基础上还能为销售员转介绍其他新顾客。因为与顾客建立普通的交易关系只是多数销售员分内的工作之一，而想要成为顶尖的销售，就必须与顾客建立更加亲密的关系。只有在关系亲密、彼此信任的情况下，顾客才愿意为销售员转介绍，进而让销售员可以通过一位老顾客获取更多的"黄金客户"，甚至可以获得"钻石客户"和"白金客户"。

（1）要求顾客转介绍的原因

顾客转介绍是多数销售员开发新顾客的重要方式之一。通过这种方式获得的新顾客，减少了销售员自己挖掘新顾客的时间和成本，且这些转介绍来的新顾客购买率也非常高。因为老顾客一定是在自己购买的情况下才会转介绍其他熟人过来购买，而老顾客介绍的熟人一定是对产品有需求的人。这些为自身需求主动上门的顾客，购买率自然比销售员在市场上挖掘的客户的购买率更高。

让顾客转介绍，实际上就是把老顾客变成"编外销售员"。这些编外销售员就是移动的产品广告，因为他们已经有过产品的使用体验，所以可以凭借自身的使用经验更好地说服其他人，让他人更相信产品的价值。再加上这些"编外销售员"在向熟悉的人推销产品时并不会给自己带来任何实际利益，正因为中间没有利益的牵扯，所以这些"编外销售员"比普通的销售员更有说服力。

（2）要求顾客转介绍的步骤

并不是所有的顾客都愿意转介绍其他人来购买，只有会销讲、会发问的销售员才有足够的能力让老顾客转介绍新顾客。因为要把老顾客变成"编外销售员"，销售员必须通过三个步骤：首先，提高顾客转介绍的意愿；其次，用问的方式引导顾客转介绍；最后，积极做好销售的后续工作挽留转介绍来的新顾客，才能真正地做到"要求顾客转介绍"。

◎提高顾客转介绍的意愿

提高顾客转介绍的意愿，实际上就是让顾客对销售员、企业的产品和品牌产生信任感。这就需要销售员与顾客之间建立彼此信赖的关系，进而让顾客能够把销售员当作可以真心对待的朋友。只要销售员可以问出顾客的渴望、问出顾客的价值观并用问的方式解决顾客的问题，进而让顾客立即购买，就可以提高顾客转介绍的意愿。因为顾客愿意转介绍一定是建立在自身问题已经解决的基础之上的，只有销售员帮助顾客真正解决了他们自身的问题并让他们依赖销售员的服务，才能为顾客的转介绍奠定信任的基础。

◎引导顾客转介绍

顾客绝对信任销售员，并不代表顾客就一定会主动去转介绍新顾客，此时就需要销售员去主动引导顾客转介绍。可以用问的方式进行间接或者直接的引导，进而让顾客转介绍其他的新顾客来购买。

◎间接引导：间接引导就是用委婉含蓄的方式要求顾客转介绍，比如问顾客："分享也是一种爱，您愿意将这堂课程分享给更多人、将这份爱传播出去吗？"或者问："您是有爱的人，您愿意帮助身边更多的人吗？"

◎直接引导：直接引导就是销售员直截了当地要求顾客转介绍，不过直接引导要注意语气不能太过强硬而让顾客感到不舒服，而是利用一些其他的"优惠政策"来引导顾客转介绍。比如："您如果能介绍十个人来购买这个课程，可以马上获得五折优惠。"

只要在顾客信任的基础上引导顾客来为销售员转介绍，就可以在一位顾客身上挖掘出更多的价值。甚至这种做法还能让老顾客获得更多的好处，进而让老顾客更加依赖企业的产品和品牌。

◎积极做好后续工作

让顾客转介绍并不代表销售员的工作就结束了，反而还需要做更多的后续工作。因为老顾客转介绍来的新顾客不一定会购买产品，即使购买产品之后也不代表他们就一定会成为"黄金客户""钻石客户""白金客户"。因此，销售员必须要积极做好转介绍后的后续工作，让新顾客也能获得良好的服务，用"问"老顾客的方式来"问"新顾客，进而让新顾客变成真正的老顾客，这样才算真正完成了要求顾客转介绍的工作。

要求顾客转介绍的核心并不在老顾客身上，而是集中在销售员身上，体现在销售员的发问技巧之上。销售员只有用好销讲的发问系统来提高顾客转介绍的意愿，引导顾客转介绍并积极做好后续工作，才算真正地从顾客的转介绍中达到了盈利的目的。

第八章

销讲成交系统：
抓住快速收钱的秘诀

这个世界上不存在无法成交的客户。完美掌握销讲的成交系统就能够快速建立销讲者与客户之间的信赖感，进而抓住快速收钱的秘诀。想要快速成交，就必须把客户放到第一位。信赖是客户愿意成交的前提，销讲收钱的流程是客户成交的基础，设计完美的成交方案是客户成交的保障。因此销讲者必须优先塑造自身的形象，为客户建立完美的第一印象，在取得客户的信赖之后灵活运用快速成交的八大方法引导客户成交，再利用销讲的号召力让客户尽快行动。

绝对成交的信念

信念是一种力量，这种力量不仅可以促使顾客购买，也可以让销售员达到快速收钱的目的。如果想要快速收钱，就必须坚定销售员自身的信念，同时坚定顾客的信念。销讲是一个给他人灌输信念的过程。但是为他人灌输信念的前提是自身必须具备绝对成交的信念。只有自身具备坚定的信念，才能为他人传输信念的力量。

（1）植入成交的信念

植入成交的信念应从每天早上睁开眼睛开始，我们就要在心里开始默念：

◎我是最有价值的。

◎只要我起床就有人期待与我合作。

◎为什么我的钱要放在客户的口袋里呢？让我把它拿回来。

◎没有人能真正拒绝我。我渴望被拒绝1500次。您到底能拒绝我多少次呢？

◎我是全世界有史以来最有说服力的人。

◎成交一切都是爱。

◎我能在任何地方、任何时间销售产品给任何人。

◎认识我，您太幸运了！

以上信念并非只要默念一遍，就可以完美植入人的头脑中。因为植入成交的信念并非一朝一夕就可以成功，而是一个极其漫长的过程。一名成功的销讲家，每天都会坚持在心中默念以上信念的内容，为自己植入成交的信念。

（2）强化成交的信念

为自己植入成交的信念之后，只能代表自身已经具备了信念的力量，还不足以证明自己的力量足够强大。想要强化信念的力量，每天还要在心里默念这些话：

◎我热爱成交，因为我迫不及待地要帮助所有人。我要相信，不要怀疑；我要渴望，不要恐惧。我渴望成交，我渴望帮助别人，我渴望成功，我渴望带动所有人快速成功。

◎我如此地热爱成交。每当我站在凳子上，我就光芒万丈。我热爱我自己，我相信我的产品，我渴望成交。因为当我成交，我会养活我的员工；当我成交，我会帮助整个世界；当我成交，我全家人都很爱我，他们都很崇拜我，整个行业都很羡慕我，我是行业的标准，因为我是行业的榜样、旗帜、标杆。

◎我是行业的奇迹，我是行业的传奇人物。我热爱成交，我爱上成交，每当我让大家一举手，我就觉得这只手有很大的使命。我觉得这只手好有爱，我觉得这只手举得好坚定，我觉得这只手好有能量，我觉得我一挥手，就可以帮助更多的人。

◎只有我迈开这一步，才有办法实现我的理想、完成我的使命。我要将我的爱传出去，传出去，传出去……我热爱成交，我热爱丢脸。面子算什么？别人怎么说、别人怎么骂我都不理，别人怎么评价我听不到，我只有一个焦点，就是帮助别人，帮助别人，帮助别人，哪怕只能帮助一个人，这个就是星星之火，可以燎原！

◎我要用生命的力量去成交。只有这样，我才不会遗憾，我才不会白来到这个世界，活出来，没有任何借口；我爱我自己，我爱所有人，成交，一切都是为了爱；没有人，可以拒绝我的爱，没有人，可以拒绝我对他的帮助，没有人，可以拒绝我这颗善良的心，日久见人心，路遥知马力。

◎疯狂地去成交吧，不要再有任何借口。从这一刻起，一上台，讲每一句话，都要为成交服务，不讲废话，不耽误别人时间；此刻起，只要我一上台，神采飞扬、能量无限。因为只有一个焦点，就是成交、成交、成交。成交的唯一目的，就是帮助别人，帮助别人。如果连帮助别人都害怕，你就是自私的。从现在开始，变得博爱一点吧！哪怕没有一个人成交又怎么样，你突破了，你敢于要求了。如果你连要求都没有了，你怎么成交呢？你不迈出第一步，如何迈出第一百步呢？

◎我是行业的奇迹，我是创造奇迹的那个人。我，是有尊严的；我，是有能量的。我是有勇气的，我敢于面对任何人，因为我爱他们。此刻起，我再也不是之前的自己，不是自私的自己，不是那个爱面子爱得要死的自己，不是只注重形象不要结果的自己，此刻的我，脱胎换骨，下定决心，再也不是胆小鬼，再也不是懦夫，此刻的我，重生了！

这些强化成交信念的话语，不仅要每天在心中默念，而且每当自己遇到挫折和困难止步不前、信念受挫的时候，也要在心中默念。当销售员成交的信念不断强化的时候，成交的力量也会不断增强。

销讲者获得的成果将会与自身成交的信念成正比。从现在出发，从为自身植入信念开始，抓住当下的每时每刻为自己植入成交的信念、为自己强化成交的信念，才能在提升自身的同时增加收获。

如何建立信赖感

建立销售员与顾客之间的信赖感，贯穿了销讲的整个成交系统。销售员凭借销讲的发问系统向客户提出问题，只能建立信赖的基础，想让客户彻底信任并依赖销售员，还需要通过系统的方式来建立更强的信赖感。

（1）打造专家形象

对于客户来说，销售员就是某种领域的"专家"，而且"专家"可以用产品解决他们的问题。因此销售员必须学会把自己包装成专家形象，通过弱化自己的销售员形象、强化自己在专业领域的形象，来塑造自己的专家形象。只要让客户觉得向自己推销产品的人不是"卖家"，而是领域中的"专家"，销售员从外在形象上就更能让客户产生信赖感。但是打造专家形象，并不是让销售员从表面穿着上让自己看上去像专家，而是让客户认同销售员内在的专家形象。

◎专业形象

外在的专业形象是打造专家形象的基本要求，也是让客户第一眼能够"看"到销售员专业性的重点。只有外在形象专业，才能让客户在看到销售员的第一眼之后就产生好感，进而让客户愿意与销售员沟通。同时专业的形象也能让客户通过销售员的外在体会到销售员对自己的重视，进而让客户进一步认可销售员。

◎专业知识

专业知识则体现在销售员向客户提出的问题以及对客户问题的解答上。如果销售员能在客户明确阐述自己的问题之前，通过发问系统间接推测出客户的问题并提出让顾客满意的解决方案，那么客户就会把销售员当作真正的专家来看待。只有销售员具备绝对的专业知识，才能进行专业的发问和解答，进而在解答的过程中让客户自然地接受产品。

◎赞美、微笑、互动

所有人都愿意听赞美的话，因此销售员必须学会赞美客户，并且要通过微笑的表情让客户感受到销售员的真诚。虚假、敷衍的赞美绝对不会获得客户的信赖，只有发自内心的赞美和微笑才能让客户愿意配合销售员进行互动，进而通过彼此的互动强化信赖关系。

◎引起共鸣

引起共鸣就是要让客户回答"是"。比如销售员问客户："想不想让自己和家人都幸福健康？"客户的回答肯定为"是"。引起共鸣最好的方式就是发问，通过有技巧的发问让客户回答"是"，这样就可以引起客户的共鸣，最终让客户认同销售员的说法。

（2）建立良好的第一印象

在客户的心目中建立良好的第一印象非常重要。如果销售员给客户的第一印象就非常差，那么销售员接下来就很难让客户配合自己。如果企业、品牌和产品在客户心目中留下了非常差的第一印象，那么全世界最优秀的销售员也很难把产品卖给客户。对销售员来说，给客户留下非常好的第一印象不仅需要良好的穿着，而且要具备良好的风度和谈吐。甚至销售员的语气、表情、细微动作等都会影响顾客的第一印象。对企业、企业的品牌、企业的产品来说，想要在顾客的心目中建立良好的第一印象，可以通过企业的网站、名片等让顾客感觉到企业的正规、品牌的力量和产品的高质量。

（3）客户见证

所谓的客户见证就是举出比较有说服力和影响力的企业客户或名人案例，进而让客户在见证其他产品使用者的过程中，相信产品确实有解决问题的作用。客户见证分为直接见证和间接见证，只要使用恰当，两种见证都能够让客户相信产品能够达到他们想要的效果。

◎直接见证

所谓的直接见证就是把照片、影视资料等直接展示给客户看。当客户通过照片、影视资料看到其他顾客的产品使用效果，就会直接让他们对产品产生信赖感。如果照片、影视资料中的人因为使用产品而露出快乐、幸福的表情，那么就等于顾客直接见证了产品的使用效果，进而让顾客信赖产品。

◎间接见证

间接见证就是通过口头举例的方法，让客户间接见证其他人使用后的效果。但是口头举例一定要是名人、名企的案例，因为只有案例中涉及知名度较高的产品使用者或者其他客户，才能让客户认同销售员的案例，进而信赖销售员推荐的产品。

（4）信任捆绑

信任捆绑就是向有影响力的人借势捆绑。这种方式就像很多企业会为产品请明星代言一样。明星代言实际上就是借用明星的影响力去拉动产品的无形价值。

> 我在 2012 年的时候认识了国际功夫巨星陈天星导演。他导演并主演了《双截棍》《截拳道》《功夫战斗机》《终极硬汉》等 10 余部真功夫电影，并且斩获了诸多国际大奖。刚创业的时候我也在思考：如何可以更快速更高效地让自己成功？那时候我选择了和陈天星导演捆绑合作，开始和他深度合作发展教育事业。因为陈天星导演的明星效应，我们的事业推动非常迅速。在发展过程中，因为陈天星导演的缘故，我也走进了演艺圈，开始涉及影视业，并且也参与投资和拍摄了一些电影。由陈天星主演、我参演的《德皮》即将在 2018 年全国上映。我相信，随着这部电影的上映，我的公信力会变得更强，跟随我学习的人也会越来越多。而我的很多学员也会让我们为他们录制一些宣传的视频。其实也是借用我们的影响力，为他们的品牌和产品背书。

我与陈导的合作，实际上就是一种信任捆绑，因为我用陈导的影响力拉动了一些客户，推动了我的事业的发展。我的学生让我为他们录制视频，也是一种信任捆绑，因为他们用我的影响力推动了他们的事业发展。

信任捆绑的另一种方式就是嫁接式信任，比如 A 和 B 是好朋友，C 和 B 也是好朋友，但 A 和 C 之间互不认识。A 希望与 C 达成合作，就可以借助 B 的力量为他们搭桥引线，有 B 的关系在里面，信任转接起来就会非常顺利。

只有为自己打造专业的形象，在客户面前建立良好的第一印象，并用客户见证、信任捆绑进行辅助，才能与客户建立良好的信赖感。

销讲收钱的流程

销讲成交系统的终端就是收钱，而成交的目的也是销售员能够拿产品与客户进行利益交换。对于利用销讲进行销售的销售员来说，收钱也有固定的流程，只有掌握了销讲的收钱流程，才能让个人和企业源源不断地在市场中盈利。

（1）首次成交

销售员与客户之间的首次成交非常重要。因为首次成交无论对销售员还是对客户来说都是一次突破，只有完成第一次突破才能建立长期合作的关系。但是对于诸多销售员来说，想要客户与自己完成首次成交并不容易，不仅需要销售员具备完善的销讲能力，还需要销售员在与客户沟通的过程中注意首次成交的四点注意事项。

◎首次成交，必须逾越信任的鸿沟

销售员想要与客户达成首次成交，最关键的就是要逾越信任的鸿沟。只有让客户放下对销售员的戒备、与销售员建立信任关系，才能为客户和销售员营造一个轻松沟通的环境。但是在让客户逾越信任鸿沟的时候，一定要注意以下几点：

第一，不要急着约客户见面。很多销售员都是通过电话、互联网与客户进行第一次交流的。刚开始交流的时候，销售员首先应该向客户介绍自己、销售自己，然后向顾客大致地介绍产品、品牌和企业。虽然与客户见面可以更好地沟通，并且让销售员可以当面解决客户的问题，但是在客户还不了解销售员基本信息的情况下就急着见面，时常会让客户产生厌恶感。毕竟让客户急着见一位"陌生人"，从心理学上来说，很多人都会产生反感的情绪。

第二，不要太频繁地"骚扰"客户。虽然说优秀的销售员在面对客户的时候不会畏惧客户拒绝的态度，会反复地联系客户，但是太频繁地"骚扰"客户也会让客户产生厌恶的情绪。最好在每一次与客户取得联系后，约好下一次联系的时间，这样就可以避免客户产生"被打扰"的感觉。

只有销售员通过自己一点一滴的积累，与客户打下良好的信任基础，才能让客户与销售员之间的信任鸿沟被销讲逐渐填平。

◎ **首次成交，要把价格降下来，把利润让出去给客户、员工、合作伙伴**

在销售员与客户首次成交的过程中，销售员就必须站在让客户优先盈利的角度上来考虑，把产品的价格降下来，把利润让给客户、员工、合作伙伴。任何企业在销售的过程中，如果从第一笔订单开始就只考虑自己的盈利，就会增加企业被市场淘汰的风险。因为主宰市场的并不是企业，也不是企业的管理者，而是市场中的客户和消费者。只有把利润让给客户、员工、合作伙伴，才能让企业获得更多的客户、更好的员工、更亲密的合作伙伴。

◎ **首次成交，成交率比成交金额重要**

"薄利多销"无论对商家还是企业，都是一种非常好的销售方式。特别是企业在与新客户打交道的过程中，提高产品的成交率比提高产品的利润额还重要。

◎ **首次成交，要么打平，要么亏一点，要么赚一点点**

在与客户首次成交的过程中，不要想着在客户身上大赚一笔，而是要想着如何把这名客户发展成"黄金客户""钻石客户""白金客户"。因此首次成交的时候，企业要么与客户打平，要么亏一点把利益让给客户，要么只赚一点点。

（2）追加销售

所谓的追加销售，就是让客户在购买主要的核心产品之后，为客户继续提供其他的产品配件。比如卖给客户某品牌的手机之后，就可以向客户销售手机配套的移动电源、备用充电线、耳机等设备。这样不仅能开拓企业的市场，而且能进一步挖掘客户潜在的购买力。

在成交之前，企业要抓住潜在客户，贡献价值，体验产品，建立信任，凡是良好互动三次以上的客户，就会成为企业的终身客户。事实上，每一位客户都渴望有一个商家能满足他的生活，长期服务他的生活，甚至在某个方面一辈子服务他的生活。

（3）锁定销售

想要快速收钱，销售员还要利用销讲快速锁定正确的销售目标。正确的销售目标就是市场中具有潜在消费能力的客户以及 VIP 客户。这些客户就像"鱼塘"中的"大鱼"，一条"大鱼"能给企业和个人带来的利润可能是其他"小鱼"的几百倍、几千倍。

市场就是一个巨大的"鱼塘"，客户就像"鱼塘"中的"鱼"，销售员只有广撒网才能网住更多的"鱼"。但是并不是每条"鱼"都能为企业带来价值，因此销售员必须要锁定销售，把重点销售对象放在"鱼塘"中的 VIP 客户上。"鱼塘" VIP 客户具备强大的影响力、强大的购买力以及强大的转介绍能力。而沉睡在"鱼塘"底部的潜在客户也是销售员重点关注的挖掘对象，要想办法把潜在客户发展成新的 VIP 客户。

虽然销讲的成交系统能帮助企业和个人快速收钱，但是无论是普通的销售员还是企业，都不能把收钱当作主要的关注点。太在乎盈利的企业和销售员，都会在客户的心目中产生不良影响。

设计成交方案

想要快速收钱，就必须尽快与顾客成交。但是成交并不是销售员面对顾客时随意发挥销讲才能就能实现的，而是在设计出完整的成交方案的基础上，销售员才能够有准备地与顾客成交。毕竟很少有人能够在与顾客第一次见面的时候就做到马上成交，多数成交过程都非常漫长，因此必须设计出一套完善的成交方案来加快成交的过程，使成交变得更加系统、简单。

（1）无懈可击

设计成交方案一定要做到无懈可击，不能出现任何会让顾客不愿意成交的漏洞。也就是说，成交的产品一定要满足客户的需求，让客户满意才能成交。

熊孟辉作为"销讲系统"的优秀学员之一，是一位新兴行业——纳米科技的创业者。新兴行业最大的特点，就是行业内的产品都是全新的，且产品还没有完全打入市场。因此，熊孟辉迫切希望找到自己的合作伙伴，进而让产品迅速与市场融合。后来熊孟辉和他的妻子在机缘巧合之下共同学习了"销讲系统"，夫妻二人完全被"销讲系统"征服了。用熊孟辉的话来说就是："夫妻同修才能思想同频，思想同频才能关系和谐，关系和谐才能事业往上走。事业的努力一定是相互帮衬，你的梦想就是他的梦想。你能成交别人是因为满足了别人的需求而不是你有多厉害，是他想要的东西你能够满足他，他才会埋单。你满足的需求层次越高，你赚钱的可能性才会越大，你赚到的财富才会越多。"

"销讲系统"教会了熊孟辉夫妻二人"无懈可击"的成交方案——让他们用产品和销讲去征服别人。并且在熊孟辉夫妻二人跟随我一起学习的过程中，我也把华德润纳米科技这份事业融到我的事业中，我亲自孵化并打造这个项目，让这个项目成为我们的标杆事业。我们知道客户购买产品的最大原因就是产品能够满足客户的需求，让客户得到自己想要的东西，客户才会愿意与你成交。而纳米科技又是未来产业，我们提出新的概念：创享经济，让更多的人一起创业分享财富，我们的模式设计也是满足需求、激发欲望，从而实现成交。

（2）无法抗拒

在设计成交方案的过程中，一定要预先推测出顾客可能会有哪些问题需要销售员的帮助，或者预先推测顾客可能会有怎样的心理活动。比如顾客会跟销售员说出类似"你们的产品太贵了""我先看看别家的产品再做决定""过几天我再来买"等问题和想法，这就需要销售员在设计成交方案时，提前为顾客的问题和想法设计出让顾客无法抗拒的答复。用产品的优势直击顾客的弱势，让顾客在面对销售员的时候无法说出任何带有抗拒性质的话。

（3）是顾客要买而不是你要卖

在销售市场中，顾客是承载企业这条大船的水流，水能载舟亦能覆舟，因此顾客主宰着企业的生死。既然顾客的地位如此重要，那么企业和销售员在销售产品的时候就要注意把顾客放到第一位，时刻想着是顾客要买而不是销售员要卖。也就是让企业和销售员时刻站在顾客的角度上，考虑顾客的想法，让顾客自己来决定是否完成最终的成交步骤。而销售员只是负责引导顾客，用销讲的技巧让顾客自己选择成交的最终结果。

（4）一定要让购买的人感到惊喜与自豪

完整的成交方案不是只为了完成一次成交而设计的，而是为了在与顾客完成第一次成交后，继续与顾客保持良好的成交状态，进而完成后续更多的成交而设计的。为了留住有能力成交的顾客，企业就一定要让所有购买的人感到惊喜与自豪，让他们觉得购买了企业的产品能够得到幸福、快乐，不会后悔。比如"销讲系统"导师班的学员汤守骏在学习该课程之后，感觉自己变得更强大，销讲的课程让她获得了自信与成功。

汤守骏说过："随着系统地学习了老师的课程，我自己发生了意想不到的变化，身边的一切都在改变：首先，学习了陈飞老师的销讲系统并运用到销售上，效果立显，简单一小时的分享就销售了98000元的酒，取得了巨大的进步！其次，随着不断跟随陈飞老师学习，我个人突破越来越大，企业销售业绩也越来越好。不知不觉我已经成为一个自信、快乐、充满正能量的小宇宙！影响着周围的一切变得越来越好！这是我的改变导致的必然结果！人生最重要的能力就是正确选择的能力。未来，我要跟随陈飞老师和跟随大爱者联盟这个平台继续学习，不断成长、不断突破自己，把大爱传递给更多的人。"

汤守骏从销讲中获得成功的喜悦以及自信，就是"销讲系统"课程为购买人带去的惊喜与自豪。只有让购买人感到惊喜与自豪，才能让顾客对销售员充满感激，进而才会有第二次、第三次甚至更多次的成交。

（5）一定要让不买的人感到遗憾、失落与后悔

人生难免有后悔的事发生，让人后悔的事往往会让人产生难以消除的深刻印象。当企业用产品的魅力、品牌的优惠活动以及打动人心的销讲感染到顾客时，哪怕顾客一开始表示坚决不买，销售员依然要用销讲的成交系统去吸引他们，让不买的人立即因为自己不买的决定而遗憾、失落与后悔，这样就会让企业的品牌和产品在他们的心目中留下深刻的印象。当那些感到遗憾、失落与后悔的顾客再次看到相应的产品的时候，就会忍不住想要购买产品来填补自己之前的遗憾、失落与后悔。因此让计划不买的人产生遗憾、失落与后悔，可以促使其更加急着想要去成交。

设计完善的成交方案能够帮助销讲者在面对顾客时，对可能会出现的各种成交突发状况有所准备，还能预防顾客的排斥和刁难，进而让销讲的话语伴随着产品的功效深深打动顾客的内心。只有在设计成交方案的前提下，才能让企业和销售员在面对顾客的时候做到有备无患。

快速成交的八大方法

多数顾客都会为自己设定成交的最后一道防线。如果销售员不能一鼓作气突破顾客的最后一道防线，就会退回销售的原点，进而难以成交。要想突破顾客的最后成交防线，销售员就需要掌握快速成交的九大方法，让这九大方法成为突破顾客成交防线的"最后一根稻草"，进而达到最终成交的目的。

（1）假设成交法：不断地假设已经成交

假设成交法，就是销售员假设已经与顾客成交，进而把顾客引进实际的成交阶段。在假设已经成交的思维模式中，销售员要引导顾客不断地做出反应。但是在假设成交之前，销售员必须已经通过销讲的发问系统洞察了顾客的基本信息，在顾客的需求上发出已经成交的信号，把顾客引入假设成交的思维模式中。整个过程中，销售员的语气都要保持自然的状态，哪怕迂回前进也不能显得太直接、太仓促，否则会给顾客带来不好的体验。

（2）假设成交＋继续法：开票后送家里还是送公司

这一方法就是假设客户成交后，将后续手续、服务等流程与客户演练一遍，增强客户的带入感。比如，顾客成交后发票送到哪里？什么时候去顾客公司走访一下？顾客能够在成交后享受哪些贴心服务？

（3）二选一成交法：进品牌演说班还是导师班

二选一成交法实际上就是将销讲的发问系统与成交系统进行融合，让顾客在封闭式问句给出的两种选项中，选择其中一种。应用二选一成交法需要销售员注意自身销讲时的语气，要用自然的说话方式引导顾客在两种成交选项中选择一种，进而完成成交。

（4）体验式成交法：让顾客摸得到、看得到

体验式成交法就是让顾客试用产品，比如试穿某种服装、试用某种化妆品、试听"销讲系统"的课程等。让顾客能够摸得到、看得到产品，还能亲自感受到产品的使用体验。亲自体验比他人的口头赞美更有效果，同时还能让顾客初步体验到产品确实能够帮他们解决许多问题，进而促使成交的完成。

（5）发问式成交法：顾客问，你反问

发问式成交法能够让销售员有效地封闭顾客的提问。多数顾客对成交有着抵触心理，哪怕顾客的心中已经认同了产品的价值，哪怕顾客已经非常想要购买产品，也不代表他们就会立刻成交。很多顾客在怀抱强烈的购买欲望之后，反而还会提出更多让销售员难以回答的问题，此时销售员就可以用发问成交法——顾客提问，销售员反问来解决问题。比如客户问"我在家看视频、看书也可以学习，为什么一定要报名你的课程？"那我就可以反问他："您有孩子吗？"客户回答："有。"我再问："孩子去学校读书吗？"客户肯定同意"孩子要去学校读书"这个观点。那么我就可以继续问他"那您为什么不让孩子在家看视频、看书学习，而是一定要把孩子送去学校呢？"孩子去学校读书的道理一般人都懂，因为在学校可以帮助孩子更好地学习，那么客户再反观自己报名课程的问题，他的疑问自然就得到了解答。

（6）小狗成交法：撒娇、情感成交

小狗成交法源自于一个关于宠物店卖狗的小故事。

一位小男孩与妈妈一起路过宠物店的时候，被宠物店里的小狗吸引了，但是妈妈拒绝为小男孩买下小狗。此时，宠物店店长出来说："你真心喜欢这条小狗的话，可以为他取名，还可以把它带回去养几天。如果在相处的过程中，你发现你不喜欢这条小狗，可以再把它送回来。"结果小男孩在这几天中与小狗建立了深厚的感情，同时小男孩的家人也习惯了家里有一条小狗，于是小男孩的妈妈就去宠物店把小狗买了下来。

因为小狗在被顾客"试用"的过程中，顾客对小狗产生了依赖的感情，所以宠物店店长才能成功地与小男孩的妈妈成交。在销售员与顾客彼此信任的前提下，可以用小狗成交法，以撒娇、情感作为促进成交的筹码。所谓的小狗成交法，就是让顾客在试用产品的过程中对产品产生依赖，进而从感情上促使顾客快速成交。

（7）回马枪成交法：反复成交，欲擒故纵

销售员很少能够在与顾客成交的过程中一路顺风，被顾客拒绝对所有成功的销售员来说就是家常便饭。但是面对顾客的坚决回绝，已经无法再进一步成交的时候，就要以退为进、欲擒故纵，用回马枪成交法来反复制造成交的机会。比如在与顾客发生冲突后直接承认自己的错误："对不起，我错了。但是我不想再犯同样的错误，您能告诉我我错在什么地方了吗？"

（8）稀缺成交：塑造产品紧缺、限时限量、限名额的情景

稀缺成交就是要在顾客面前塑造产品紧缺、限时限量、限名额的销售情景，让顾客觉得如果错过此时就很难再购买到类似的产品，也很难再遇到此时的优惠活动。当顾客想要成交却犹豫不决的时候，产品紧缺、限时限量、限名额会成为促使顾客决定最终成交的有效推动力。

如何号召行动

科技之所以能进步、社会之所以能高速发展、企业之所以能日渐壮大，都是由人类的行动带来的成果。尽管不是每一次行动都能让企业、让个人得到理想的收获，但是如果不行动，只会让企业、让个人一无所获。因此，一名合格的企业家，不仅是一个善于行动的人，还必须是一个善于用销讲号召他人一起行动的销讲家。

用销讲来号召他人与自己一起行动的关键点有五个，分别为"简单""明确""具体""果断与快速""主动"。

（1）简单

所谓的"简单"并非是指销讲要简单易懂，而是在销讲的过程中，销售员给予客户的成交方案要简单易懂，而且要非常清晰，不要把简单的东西复杂化。比如销售员准备了两个成交方案：一个高价、一个低价，那就把对应方案的价格、服务、收益等说清楚即可，不必再去多做几个成交方案，也不要陈述得过于复杂。我的很多学员以前都犯这个错误，他们认为多设定几个方案，别人选择的机会就多一点，成交机会也会更多一点。其实这是错误的，可供选择的东西太多，反而让别人不知道选哪个好，也会让很多本来能花高价购买的客户，最后因为方案太多而选了一个价格低一些的方案。

（2）明确

销售员要明确告知客户他所购买的是什么、能得到什么。销售员最好是将告知内容形成文件，这样一目了然，而且不要有含糊不清的概念，有就是有，没有就是没有。成交过程中，你告知的内容越明确，客户也越明确；你越含糊，客户也越犹豫。

（3）具体

成交方案要具体、明确、详细。简单不代表大量省略，重要的内容、核心的要点还是要尽可能地展现给客户。

> 比如报名我的导师班，可以在一年之内，免费享受一次针对公司内部员工的专业内训，主题可由学员定。
>
> 前提：报名导师班
>
> 项目：公司内部员工的专业内训，主题自定
>
> 次数：一次
>
> 时限：一年之内

这就是一个简单而又具体的方案，所有学员都可以在这个方案中知道自己要学的内容、要学多久以及可以学的时间段。因此，具体、明确的方案能让客户更好、更清晰地了解产品的详细信息，并根据自己的需求来选择购买，而不明确的方案就会给客户造成一定的困扰。

（4）果断与快速

成交过程要快、准、狠。快就是"感性成交"，一定要趁客户处于感性状态时要求成交；准就是找准客户成交，不要在非精准客户身上浪费太多时间；狠就是敢于要求，让客户迅速决定，不能畏畏缩缩、害怕客户反感等，要屏蔽掉这些思想和顾虑。并且，还要记住你是在帮助顾客做一个明智的决定和选择，帮助人是不需要害怕和畏惧的。

（5）主动

现实生活中，被动型的人相对较多，所以身为销讲者的我们要主动出击、主动成交，并且追加成交。不要试图让客户自己主动找上门或者客户自己主动要求追加成交，这么做只会为自己带来损失。

销讲成交系统就是通过号召客户成交，进而达到快速收钱的目的。因此，号召行动就是销讲成交系统完成快速成交的基石。

第九章

金牌销讲
的六大步骤

销讲是一种技巧，也是一门艺术。对销售员来说，销讲是让客户成交的关键，也是让客户立即付钱的必要手段。因此销售员必须掌握金牌销讲的六大步骤，把自己塑造成金牌销讲家，以讲趋势来引导客户购买、以讲优势来强化优势、以树标杆来激发客户的欲望、以工具为媒介带给客户完美的体验、以销讲来挖掘客户的痛点，最后再用销讲的方式为客户提供整体解决方案。当客户对销讲者提出的方案感到满意时，客户自然就成了销讲者的"囊中之物"。

讲趋势：从大行业趋势，引导到产品小趋势

大趋势代表了整个行业的发展价值观，万事万物的发展都要遵从大趋势才能在世界中立足。由于大趋势是多数人认同的价值，因此销讲者可以利用行业的大趋势来博得客户的认同，以大趋势为出发点把客户引导到产品的小趋势上，进而让客户从情感上认同产品的价值。

所谓的趋势就是事物发展的大致方向。市场上的某种行业一旦形成上升趋势就会引起大批人的涌入，还会带动行业内相关产品的价格和销量，因此多数客户都喜欢去追逐市场中呈现上升趋势的行业。一般情况下，每个行业在市场中的大趋势并不是笔直的一条线，而是弯弯曲曲的折线。再好的趋势，都有峰谷和峰顶。对销售员来说客户看中的并不是峰谷和峰顶，而是未来可能出现的增长趋势。如果销讲者能在一开始就让顾客看到行业发展的增长大趋势，并以此为媒介向客户展示产品的小趋势，让客户看到产品在未来市场中的上升趋势，就能顺利成交。

在向客户展现产品的趋势之前，一定要确保产品在未来市场中会呈现上升趋势。哪怕产品现在处于低谷时期也没关系，对多数大客户来说，只要产品能在未来呈现上升趋势，他们就会有极大的盈利机会。因此，企业在决定生产某种产品的时候，就要开始关注行业的大趋势和产品在市场中的小趋势，从而把握住趋势中跌宕起伏的瞬间，在恰当的时机将产品销售出去。然而销讲者向客户讲趋势并博得客户的信任非常艰难，因为未来的事情很难让人信服，就像马云在刚刚创业的时候就说过互联网行业在未来拥有巨大的发展潜力，但是当时并没有人多少相信马云说的话。任何人如果想要对未来的

行业发展趋势做出"预言"，就必须用销讲的技巧优先博得客户的信任，才能让客户相信行业在未来的发展过程中确实会呈现上升趋势，与行业相关的产品也会在市场中呈现上升趋势。

产品跟随行业的大趋势是讲趋势的大前提。如果产品本身与大趋势相差甚远，即使销讲者巧舌如簧也很难博得客户的信任。比如在数码相机和能够照相的手机充斥着人们日常生活的年代，柯达不遵循行业的大趋势坚持卖胶卷，即使世界最优秀的销讲家或者像乔·吉拉德那样的世界顶级销售员，也很难拯救本身就与趋势相违背的产品。

企业生产出遵从行业发展大趋势的产品，才能让销讲者通过讲趋势把产品销售出去。销讲者在讲趋势的过程中，同样需要遵从大众认知的趋势才能博得客户的信任。当世界上所有人都不看好行业当下的发展趋势的时候，销讲者也不可能强行去扭转这种不利的趋势，而是要顺着大众的心理同意他们的看法，把博得客户的信任放在第一位。当客户在交谈的过程中逐渐放松警惕的时候，再从大的行业趋势将客户引导到产品的小趋势上，让其认识到现在的产品还没有进入到真正的上升趋势，让客户看到产品在市场中依然存在着巨大的发展潜力。当客户相信产品确实有着巨大上升潜能的时候，销讲者就能成功地通过讲趋势打动了客户，并且让客户愿意接受产品。

讲优势：强化优势，降低劣势

在竞争激烈的市场中，优势是企业、品牌、产品吸引消费者的重要因素，也是企业吸纳客户的核心因素。所有的客户都喜欢具有强大优势的产品，只有拥有强大优势的产品，才能在市场中吸引更多的消费者。因此，销讲者在讲完趋势之后，必须马上讲出产品的优势，向客户突出产品的优势。

在讲优势的过程中，销讲者一定要避免进入"只讲优势"的误区。这个世界上不存在绝对完美的事物，任何事物都有各自的优点和缺点，任何企业都不可能生产出只有优势的产品。所以销讲者在向客户讲优势的过程中，要有技巧地强化产品的优势，尽可能地降低产品的劣势。也就是说，销讲者要去突出产品的优势，让客户被产品的优势所吸引。突出产品的优势可以通过实例来证明，还可以通过反例来衬托。为了进一步加强客户对产品优势的印象，甚至还可以"反其道而行"，来引导客户购买。

（1）借用实例来证明优势

实例是证明优势的最佳方法。销讲者可以直接举出购买产品并从中受益的其他客户的实例，进而吸引更多的客户来购买产品。然而，借用实例来证明优势并不是简单地靠口头来讲。除非是特别出名的人或者事才能用口头举例，其他的实例最好附加图片、数据、影像资料等。因为口述的内容很难让客户直观地体验到产品的优势，而图片、数据、影像资料等辅助销讲的"工具"则能帮助销讲者让客户进一步感受到产品的优势。

（2）借用反例来衬托优势

借用反例来衬托优势也能促使客户尽快选择相应的产品。但是，销讲者借用反例来衬托自己的优势，一定不要走入贬低竞争对手的误区中。特别是在还不了解竞争对手的情况下，如果对客户说太多竞争对手的劣势，只会给客户留下"不够专业，没有职业道德"的印象。而所谓的借用反例来衬托优势，可以用未使用产品的人来举例，或者用来购买其他产品而造成损失的客户来举例。

（3）反其道而行，加强产品印象

反其道而行实际上就是逆向思维，它贯穿了整个销讲系统。比如在客户提问的时候，销讲者可以反过来提问客户，进而让客户说出自己想要的产品的特征；在客户想要购买高端产品的时候，优先向客户推荐同类型的低端产品，进而加深客户对高端产品的印象；在客户因为购买犹豫不决的时候，抛出产品的优惠活动并告诉客户可以暂时不急着购买，不过可能错过此次的优惠。反其道而行是销讲者在客户心目中加深产品印象的手段之一，只要能够确切把握住反其道而行的方式，就能进一步突出产品的优势。

虽然以上三种方法可以突出产品的优势，但是多数销讲者都不可避免地要去讲产品的劣势。讲产品的劣势就要去尽可能地避免过多地提到劣势，而是要尽可能地在客户的心目中淡化产品的劣势。比如高质量产品几乎都有一个共同的劣势，就是价格比普通产品贵，那么销讲者就可以说："一分价钱一分货，您是愿意花这么多钱解决一辈子的问题呢，还是愿意花一点钱暂时解决问题呢？"很多人肯定都想"一劳永逸"，花一次钱来满足自己"永久性"的需求，因此就削弱了产品价格昂贵的劣势。

在削弱产品劣势的过程中，销讲者一定不要完全否定产品的劣势。比如当客户说"价格太贵"的时候，销讲者一定不要说"产品不贵"，这种急于否定客户说法的方式，只会让客户感到不舒服。因此当客户觉得"产品价格"贵的时候，销讲者可以拿同类型、同质量的产品进行比较来突出优势，或者将产品的价格进行分解，让客户觉得产品的质量和使用效果带来的价值远远超过了产品本身的价格。

树标杆：讲透优秀案例

自古以来榜样的力量都是无穷的。成功者都会为自己树立一个前进目标并为自己找一个榜样，以榜样的标准来衡量自身的发展。销讲也同样如此，销讲者需要通过树标杆来为客户寻找一个对比的榜样，进而让客户在了解标杆的发展情况时把标杆当作自己的榜样，进而选择购买与榜样相同的产品。

销讲者为客户树标杆，并不是为客户讲故事、讲道理，而是要为客户讲透优秀案例。讲故事、讲道理是销售员必备的基本技能，也是引导客户思维、促进客户成交的手段之一。无论是讲故事还是讲道理，都是在情感上对客户进行引导，引用的故事和道理实际上是"虚幻"的，真实性不大。只有讲透优秀的案例，才能让客户真实地体验到产品的优势，并让客户急切地期望自己能够尽快地靠近标杆。

树标杆，实际上也是为客户讲透真实的案例。只要客户看到之前已经有人购买了产品，并且从产品中获取了极大的盈利，那么从产品中获利的客户就是其他客户的标杆。只要标杆有足够的吸引力，销售员能够通过销讲系统把作为标杆的优秀案例讲得足够透彻，自然而然就会让客户产生购买的欲望。但是树标杆并不是简单地向顾客讲优秀案例，并把产品的优势一股脑儿地"倒"给客户，而是从了解客户开始，一步一步地把优秀的标杆树在客户的内心。只要让客户从内心深处开始向往与标杆无限接近，就能够让客户产生快速成交的欲望。

（1）彻底了解客户

销讲者在了解客户的时候，不仅需要了解客户的基本信息和客户的需求，还要了解客户擅长的领域、喜欢的事物、讨厌的事物等。很多销售员在与客户交流的时候，只是简单地了解客户的信息和需求，进而把整个销讲的重点放到销售的过程中，其实这是一种错误的做法。只有事先全方位了解客户，知道客户擅长的内容、关心的内容以及客户讨厌的"禁区"，才能方便销售员更好地把握销售环节。

（2）讲客户擅长的领域

在为客户讲优秀案例的过程中，一定不能讲客户听不懂的内容。有一部分客户，在遇到自己听不懂的内容时会进行提问，让销讲者针对问题做出详细回答。但是，多数客户在遇到听不懂的内容时都会自动忽略，甚至当听不懂的内容特别多的时候，会让客户直接失去听的耐心。因此，销讲者必须在树标杆、讲透优秀案例的时候，挑选客户擅长的领域来讲，进而让客户有耐心听下去。比如客户是做服装生意的，那么讲案例的时候就不能去讲餐饮生意或者其他行业，而是要以服装为主。

在讲客户擅长的领域的时候，销讲者还要避免讲虚假案例以防出错。因为客户对自己擅长的领域一定非常了解，一旦让客户发现销讲者采用了虚假案例或者在某一方面出错，就会让客户觉得销讲者"不专业、不道德"，从而导致销讲者在客户心目中的信任度大打折扣。因此，销讲者在讲客户擅长的领域的时候，一定要讲真实可靠的案例，并注意自己的口头表述不要有任何错误的地方。

（3）有针对性地讲案例

在销讲者对客户讲案例之前，一定要明确自己为什么要说这个案例。也就是说，销讲者一定要有针对性地讲案例，在表述整个案例的过程中突出一个核心观点即可。

在有针对性地讲案例之前，还要去了解客户的需求。如果客户需要"能立竿见影的产品"，而销讲者却在讲案例的过程中突出"产品物美价廉"，也等于做了无用功。在了解客户需求的基础上，明确自己讲案例的原因和目标，进而搜寻恰当的案例并为客户讲透案例，才能完美地为客户树标杆。

树标杆需要非常专业的销讲技巧，并且贯穿了整个销讲系统。标杆是客户的信念以及客户的能量来源，而树标杆的过程需要销讲的说服系统、销售系统、发问系统才能达成最终快速成交的目的。只要能够向客户讲透优秀案例，就能让客户产生通过购买产品来无限靠近标杆的欲望。

用工具：视觉化你的工具资源

世界早已进入了视觉化时代，铺天盖地的视图广告、影视资源覆盖了人类的视野。信息的视觉传播早已占据了主导地位，无论是报纸杂志、户外广告，还是电视电影、互联网平台，都少不了可视化的信息。跟随时代的销讲也同样能够用工具来让信息视觉化，然后用视觉化的信息代替普通的语言表达，进而让客户能够更加感性、直观地理解销讲者传达的内容。

（1）视觉化的定义

在多数人的眼中，视觉化就是用图形或者影像来传达信息。实际上真正的视觉化并非如此简单，而是用声音、图像、动作等因素来影响人的思维，进而让人在脑海中浮现出相关的图像。也就是说，视觉化并不只是利用视觉的一种信息传播方式，而是将人的视觉、听觉、触觉等进行融合，让信息以图像的形式浮现在人思维中，进而达到信息传播的最终目的。

在销讲过程中，可以进行视觉化的目标非常多。比如产品、产品的使用效果、与产品相关的数据等都可以视觉化。如果能把这些信息以视觉化的方式传递给客户，就能够让客户更加直观、感性地接受相关信息。

（2）让视觉工具代替语言

伴随着科技的发展和市场的演变，人类的视觉不断延伸，消费者对视觉化的要求也在上升。从报纸上的黑白图片到电视、电影，再到当下热门的新媒体，图像的地位还在不断地上升。甚至平面的图像已经无法满足信息的接受者，更高级的立体图像——VR开始占据人类的日常生活。既然视觉与图像已经变得如此重要，那么销讲就可以让视觉工具代替语言来给客户展现相关的信息，进而让客户在听销讲的过程中享受到图像带来的乐趣。

◎图片工具

在传递相关信息的时候，使用 PPT 来辅助销讲已经是多数销讲者惯用的方式。但是作为一名普通的销售员，在与客户进行临时对话的时候又该如何用图片工具来辅助自己呢？其实具备销讲能力的销售员，只需要一张纸和一支笔，就可以简单地把自己想表达的核心内容"画"给客户，比如简单的流程图、金字塔图、饼状图等。聪明的销讲者，还会画出各种有创意的符号来吸引客户，进而加深客户对信息的印象。

除此之外，图片工具不仅指单纯的平面图，还可以指动态图、三维图、简化图等，甚至还可以指立体的模型。就像房产公司都会准备房屋的平面图、售楼处会有整栋楼的立体模型一样。用线条组成的简单平面图和复杂的立体模型并不是为了把实物复制到客户的大脑中，而是让客户在脑海中刻下相关的图像，进而让信息在客户的大脑中停留得更久。

◎影视播放工具

条件允许的时候，销讲者可以用相对专业的设备向客户传递信息，比如用大屏幕为客户播放一段有趣的影像，进而加深客户对产品的印象。当条件相对有限的时候，销讲者同样可以用智能手机、笔记本电脑、平板电脑等为客户播放一段视频来传递信息。在现代社会中，影视播放的功能早已不再局限于电视和电影院，现在人人身上都带着智能手机，手机就是一个简单又方便的影视播放工具。就像现在很多新媒体早已跳出图文时代，经常会有新媒体用几十秒或者几分钟的短视频作为信息内容的载体，来加深所有观看视频的人对信息的印象。销讲也可以利用影视播放工具来加深客户对产品信息的印象，并让客户通过影视播放的内容对产品进行更直观的了解。

语言依然是销讲的主要工具，但是语言不是销讲的唯一工具。随着时代的变化以及人类对流行的认可，销讲的辅助工具也在变。现在视觉化的工具已经成为人类社会的主流，因此销讲也要紧紧抓住这个主流，让销讲传递的信息通过视觉化的工具传递给更多人。

挖痛点：找准客户痛点，深度挖掘需求

痛苦是人类社会向前发展的动力。正因为人类社会出现了某些问题，所以人类才会去想办法解决问题。在解决问题的时候，社会的经济、科技、教育等各方面都在进步。销讲实际上也是一种找准客户痛点、解决客户痛点的过程。在挖掘客户痛点的过程中，不仅可以使销讲者的销讲水平不断提升，而且能够让销讲者在帮助客户解决问题的过程中进一步提升客户与产品的黏性。

客户永远不会主动把自己的痛点告诉别人，因此需要销讲者自己去挖掘。但是，任何人都不能凭空想象他人的痛点，也不能根据自己的痛点来猜测他人的痛点。在没有经过询问、调查和深入研究的情况下，任何人都不可以确定他人的痛点。

日本三得利公司曾经推出了一个名为 WEST 的罐装咖啡。公司认为当时日本喝咖啡的普遍为 20 岁左右的年轻人，于是请了当时最受年轻人欢迎的施瓦辛格代言，还投入了大量的市场广告，但是一直不见成效。于是三得利公司邀请了当时日本电通传播中心的策划总监山口千秋进行市场调研，想要重新改造 WEST 这个品牌。山口千秋的调研显示：20% 的中年劳工，比如出租车司机、卡车司机、底层业务员等，喝掉了 60% 的罐装咖啡。也就是说，这 20% 的中年劳工才是咖啡的真正消费者。

山口千秋为了把咖啡重新卖给这 20% 的中年劳工，开始尝试挖掘他们的痛点。山口千秋先把一批劳工邀请到办公室，然后把微苦和

微甜两种口味的咖啡放在他们面前，结果多数人都选择了微苦口味的咖啡。然而山口千秋感觉这个选择不准确，因为"办公室并不是顾客日常饮用的场所"。于是山口千秋又把两种口味的咖啡放到出租车站点、工厂等劳工们日常工作的场景中，发现他们拿走的微甜咖啡更多。因为在办公室的时候，劳工们"害怕承认自己喜欢甜味后，会被别人嘲笑不会品味正宗咖啡"，所以那些劳工才说了谎。

山口千秋认为："消费者的内心就好像冰山一样，你能轻易观察到的是冰面，而真实动机深藏在冰面下。"从三得利公司的咖啡转型波折中也能看出这一点：简单的方法根本难以深入挖掘出客户的痛点，客户有时候也会为了"微小"的理由迫不得已选择"苦咖啡"。因此，为了找准客户的痛点，不被客户表面的行为"欺骗"，销售员必须仔细观察客户的一切细节，尽可能地与客户互动，让客户把自己的痛点主动暴露出来，然后才能用产品去解决客户的痛点。

（1）观察客户的一切细节

细节是决定成败的关键，只有观察客户的一切细节的销售员才能辨别客户是否有"说谎"。就像山口千秋一样，如果山口千秋没有去注意客户喝咖啡的场景细节，那么三得利公司就会以生产苦咖啡为主，其咖啡的销售量也不会上升。除此之外，观察客户的细节还能帮助销售员更好地贴近客户。

山口千秋说过："我悄悄观察顾客喝咖啡时穿什么样的衣服、用什么样的姿势、表现出什么样的表情。然后发现，劳工们喝咖啡的时候喜欢'找个安静无人的角落，长出一口气，把咖啡攥在手里，一小口一小口抿着喝'。根据这个细节特点，山口千秋先把 WEST 改名为 BOSS，然后邀请当时最受劳工欢迎的偶像矢泽永吉来代言。在 BOSS 咖啡的广告中，矢泽永吉穿着西装扮演一位普通、倒霉的业务员，这名业务员每天都会遇到许多倒霉的事，但是所有事情的结尾都是矢泽永吉找到一个安静的角落，嘴里嘟囔一句"哎呀，怎么搞的？！"然后打开 BOSS 咖啡，手攥得紧紧的，一小口一小口抿着喝。

　　其他人看了这样的广告可能没有什么特别的感触，但是劳工们对 BOSS 咖啡的新广告充满了认同感——他们的偶像穿着和他们一样的衣服，遇到了和他们类似的倒霉事情。这则广告从细节上引发了劳工们的认同，进而快速提高了三得利公司的咖啡销售量。当然，多亏了山口千秋对客户细节的精确到位的把握。因此，只有仔细观察客户的细节，才能让销售员更好地接近客户，甚至可以通过细节处理让客户主动接近销售员。

◎尽可能与客户互动

　　人是社群动物，在销售员长期与客户互动的过程中，客户会在心目中不自觉地拉近与销售员的距离——从一名普通的销售员，上升为客户的朋友、知己，甚至成为客户的人生导师。当销售员在客户心目中的地位有所提升时，客户就会更容易地把自己脆弱的一面暴露在销售员的眼底，进而方便销售员挖掘客户的痛点。就像山口千秋让劳工自己主动挑选咖啡的口味一样，让客户自己去挑选喜欢的东西，也是一种与客户互动的方式。对客户来说，他们喜欢的产品往往就是能够解决他们问题的产品。

◎用产品解决客户的痛点

　　在多数情况下，客户不会去主动挑选自己喜欢的产品，因此需要销售员定向引导。就像山口千秋没有直接去问客户喜欢什么口味的咖啡，而是摆放两种口味的咖啡让客户选择一样，客户自然而然就会挑选能够解决自身痛点的产品。解决客户痛点的基础就是产品，如果产品不能解决客户的痛点，即使销售员再努力、销讲者的口才再好，也很难把产品卖给客户。因此，产品的性质非常重要。产品的性质决定了产品是否能解决客户的痛点，也决定了销售员能否用产品解决客户的痛点。

　　在好产品的基础上，优秀的销售员、金牌销讲者就像锦上添花一般。优秀的销售员、金牌销讲者可以挖掘客户的痛点，而产品可以解决客户的痛点。只要能够准确找到客户的痛点，销售员在客户的心目中就会变得更加"专业"，进而让客户更加依赖企业的品牌和产品。

给方案：提供整体解决方案

　　为客户提供相应的产品，只能在一定程度上缓解客户的"痛"。想要让客户对企业产生绝对的好感，就必须以客户的痛点和企业的产品为核心，为客户提供整体的解决方案。一个优秀的整体解决方案，不仅可以帮助企业和客户整合各自的资源，而且能够让企业更好地为客户提供一系列服务。比如企业可以向客户提供相关的培训、运输、安装等服务，并通过整体方案向客户持续兜售与核心产品相关的周边产品，进而提高客户的满意度和忠诚度。

　　以生产文具和办公用品为主的得力集团，就是一家喜欢为客户提供整体解决方案的企业。2014 年，得力集团将品牌从"得力文具"升级为"得力办公"，开启了"大办公"时代。现在的得力集团已经不再单纯地卖文具，而是把目标转为包办所有的办公产品。得力集团不仅为客户提供完善的办公用品、办公家具，而且为客户提供完善的定制、配送、安装、售后等服务。这种"一站式服务"很快就受到了市场的好评，其他企业也开始为客户提供类似的"一站式服务"，比如京东就提供卖家开店、进货、上架的一站式电商开店服务。

　　得力集团这种为客户提供整体解决方案的方式，不仅解决了客户当前的痛点，甚至还解决了客户未来的痛点。让客户在使用全套产品的过程中不会出现任何痛点问题，因此才能加强客户与企业的黏性。但是，为客户提供整体的解决方案并不是单纯地为客户提供全套产品，而是以产品为核心为客户提供的定制、运输、培训、售后服务。

（1）定制服务

在当今社会中，人人都在追求个性化。每位客户都希望自己能够被特别对待。定制服务就是针对客户的"特殊"要求而进行产品定制。只要是客户想要的产品，企业都能通过定制服务定制出来，就像不同行业、不同性格的人，都能够体验到不同的销讲课程一样。根据客户的个性来定制相应的产品才能让客户感受到企业对自己的重视。

（2）运输服务

运输服务是为客户提供整体解决方案中的重要环节。无论客户离产品的生产地距离多远，企业都应该为客户提供运输服务。在运输的过程中，还要保证产品的质量，保证产品绝对不会有任何损坏。除此之外，运输服务不仅仅指把产品运输到客户的手中，还包括把客户运输到企业中。比如在销售课程的过程中，可以准备一辆专门的大巴来接送客户，让客户能够准时来上课，还能准时回家。企业把运输服务做好，就能帮助客户解决麻烦的中间运输环节，进而让客户进一步依赖企业。

（3）培训服务

当产品运到客户手中的时候，很多客户可能不知道该如何操作，或者不知道该如何用产品盈利，因此企业还要为客户提供专业的培训服务。当客户通过培训从产品中获得盈利的时候，自然就会成为企业的回头客。

（4）售后服务

这个世界上不存在绝对完美的产品，任何产品都有瑕疵，因此需要企业为客户提供一定的售后服务。在客户因为产品自身问题要求退款或者退货的时候，企业一定不能推脱产品的问题，而是以绝对完美的售后服务来打动客户。当客户对产品不满意的时候，要及时了解客户对产品的意见，然后去补救，让客户尽量满意；当客户要求退款的时候，要了解他们退款的原因，针对这个原因解决问题，进而打消客户退款的念头；当客户想要退货的时候，要问客户"为什么要退货？您有什么地方不满意吗？"然后找到产品的瑕疵进行弥补……最差的结果就是答应客户退款退货，但是哪怕企业自身有所损失，也不要损失客户的利益。只有通过完美的售后服务维护客户的利益，才能让企业真正驻扎进客户的内心。

为客户提供整体的解决方案，实际上就是为了维护客户的整体利益。只要客户在使用产品的过程中不会造成任何利益上的损失，甚至还能从产品中有所收获，那么普通客户就会成为企业"黄金客户""钻石客户""白金客户"。

第十章

微销讲：
互联网时代的销讲密码

在这个互联网技术突飞猛进的时代，销讲同样需要跟上科技的步伐，结合互联网紧随当下的潮流。当下已经有许多企业大佬都开始做线上销讲，把自己包装成企业家级别的"网红"。微视频、视频直播、语音直播、群组营销等手段就是他们常用的线上销讲方式。但是，不同的方式有不同的特点，也各有利弊。因此，想要在互联网时代做好线上销讲，还要去选择适合自己的正确的线上销讲平台。

企业大佬都在做线上销讲

伴随着大数据、云计算、移动互联网的兴起，网络已经成为世界的重要组成部分。网络渗透于全球的每一个角落，万事万物都可以与互联网进行连接，通过互联网进行全球范围的传播。销讲也同样如此，现在的企业大佬都已经开始做线上销讲了，以便让销讲内容可以通过互联网传遍整个世界。

（1）雷军直播再度捧红小米

沉迷于线上销讲的典型的企业大佬就是雷军。自从雷军 2016 年的第一次直播之后，小米企业的直播销讲手段就开始花样百出。不得不承认，雷军的直播确实帮助小米走过了当时的低谷，使小米再度成为互联网中的当红品牌。雷军的直播甚至在当时小米自己的直播平台上刷新了在线用户的峰值，使小米直播通过雷军的直播正式"出道"。更让人想不到的是，雷军不仅借着直播的浪潮捧红了小米企业和小米直播 App，还捧红了自己，让自己成了企业家"网红"中的代表人物。

雷军"玩"线上销讲，不仅是单纯地"讲"，还玩出了各种新花样。比如小米两次超长待机"无聊直播"，没有任何核心销讲者露脸，直接用行动证明小米手机的超长待机功能。还有雷军亲自直播的"小米 5 黑科技实验室"，光是"黑科技"三个字就足以吸引观众的眼球，让人好奇小米 5 用了哪些"黑科技"。雷军的新颖创意，其实都包含在销讲系统中，无论是让客户通过直播亲自体验手机的"超长待机"功能，还是用"黑科技"打动客户，雷军的最终目的都是通过新颖的线上销讲来达成产品的销售量。

（2）淘宝自带线上销讲平台

小米企业最大的销讲者就是雷军，而中国最大的电商平台——淘宝却拥有"上万"销讲者。由于淘宝电商平台的特殊性，淘宝 App 中内嵌了属于自己的直播平台，进一步吸引买家和卖家自主地成为平台中的销讲者。不得不承认马云是一名擅长把握机会的商人。马云不仅自己通过销讲为企业带来了盈利，使自己获得了成功，还为其他销讲者创造了销讲平台，让其他销讲者通过销讲为淘宝创造利润。淘宝甚至还邀请多位网红、明星为相应的产品进行直播代言，让网红、明星成为平台的销讲者，以网红效应和明星效应带动企业的赚钱速度。

（3）线上短视频捧红 papi 酱

除了企业大佬靠着线上销讲让自己成为"网红"之外，还有"网红"靠着线上销讲创办企业。比如，几乎娱乐了全中国网民的网红 papi 酱就是靠线上短视频捧红自己，然后又趁机去创办企业的新型创业者。2016 年，papi 酱获得了最大的广告竞标投资之后，转身就与合伙人、经纪人共同计划推出 papitube 短视频资源平台。由于 papi 酱本身的影响力，papitube 的实体公司"北京春雨听雷网络科技有限公司"也因其优秀的表现于 2017 年 3 月并入了拥有许多当红明星的经纪公司"泰洋川禾"，并且"papitube"这种网红自媒体服务平台也成为泰洋川禾的另一大核心模块。

（4）爱用微博的联想总裁

联想是典型的传统企业，但是传统并不代表迂腐和古板。总是一脸严肃的联想总裁杨元庆实际上却是一位"微博达人"。微博对杨元庆来说不仅是宣传企业、宣传品牌、宣传产品的平台，还是他与联想所有客户进行交流的平台。杨元庆在微博上用文字、图片、短视频来传递企业的信息，还用文字、图片、短视频来传递自己日常生活中的信息，让客户在感受企业文化的同时，还能看到杨元庆的个人魅力。实际上这也是一种销讲方式，任何销售员在向客户推销产品的时候，都是在推销自己，杨元庆就是在线上用微博推销自己的典型案例。如今杨元庆的微博有超过 1.5 亿的粉丝，杨元庆还"哀叹"自己"以前没早用微博真的是亏了，让竞争对手钻了空子"。因此，对杨元庆来说，微博就是他线上销讲的核心平台。

依靠互联网的线上销讲，不仅让这些企业大佬成为企业的活招牌，而且为 papi 酱这样有"远见"的网络红人提供了创业的机会。互联网不仅为企业大佬提供了线上销讲的机会，普通人也可以通过互联网进行销讲进军"企业大佬"的行列。

微视频：创意，轻松，有说服力

互联网社交的主流经过了由文字向图片的转变，又从图片转向了视频。由于网络带宽的限制，早期能够在网络中盛行的视频非常短，大多都不超过五分钟，因此造就了"微视频"。但是随着技术的发展，视频的时长并没有变长，反而随着互联网用户的口味变得更加短小精悍。网络上陆陆续续出现了许多充满创意又让观众感到轻松的微视频。那些点击量超高的微视频，有的只有几分钟，有的只有几十秒，但是无一例外都非常有说服力。因此用微视频来传播销讲内容，也要紧紧抓住微视频创意、轻松、有说服力这三大核心要素。

（1）有创意的微视频

没有人愿意听干枯无聊的销讲，因此销讲者必须学会在销讲的过程中用能力、信念、发问来引爆听众的积极性。微视频也同样如此，没有人愿意看没有创意、同质化严重的微视频。毕竟观众喜欢微视频的最大理由就是可以从微视频中获得与众不同的观看体验。微视频要做得与众不同，关键就在"创意"上，只要创意足够新鲜，微视频自然就会显得与众不同。

有创意的微视频在制作过程中并不简单。微视频的创意不仅体现在内容创意上，还体现在表现形式的创意上。比如早期的微视频并没有弹幕功能，后来 AcFun 做出了中国第一个弹幕视频网站，"视频 + 弹幕"这种表现形式很快就受到了网民的欢迎。因此，有创意的表现形式也影响着微视频的创意性。销讲者可以为微视频提供创意的内容，而微视频的创意形式却需要整个制作视频的团队来共同配合完成。团队配合、集思广益，才能为微视频的内容和表现形式带来真正的创意。

（2）让观众轻松的微视频

互联网技术越来越先进，微视频却越做越短，这是为什么呢？主要原因就是为了让观众能够在短暂的时间内放松自己。微视频能够取代图文成为当下网络中引流的主要方式，是因为这种形式看上去比图文更加"轻松"。观众可以在地铁上、公交车上、上班休息的时间段，花上几分钟或者几十秒通过观看短视频来放松自己，因此短视频的轻松性质非常重要。如果没有特殊需求，销讲者在制作销讲短视频的时候一定要尽可能地在视频中穿插让观众感到轻松的元素，让观众能够轻松观看。

（3）有说服力的微视频

微视频最难的地方就是"短小精悍"——在非常短的时间内，销讲者不仅要讲清自己想要表达的核心内容，还要去说服观看视频的观众。

> 国外视频网站Youtube上有一位非常出名的短视频制作者——Mateusz M。Mateusz M做的微视频多为励志型，并且他的微视频也非常有说服力。比如在他的微视频《信念》中出现的每一句话都能够打动人心，"你的生命就是你的生活，不要让它向黑暗投降""你不能打败死亡，但是有时候你可以打败生命中的死亡""如果你想要尝试，就一路向前吧"……在不到四分钟的时间内，Mateusz M《信念》中的信息几乎包含了所有不同的人生，进而让所有的观众都被《信念》说服。

互联网上的励志微视频非常多，而Mateusz M做的微视频能够享誉全球的主要原因就是具有强大的说服力。只要微视频有说服力、能够引爆观众的信任，销讲者的微视频就能够借助信任的力量传遍世界。

虽然直播浪潮汹涌，甚至许多直播领域的人都认为直播以后会取代视频。但是在当下，视频依然是人们获取信息的主流。特别是在流量有限、时间有限的情况下，微视频的优势更加明显。如果销讲者能做出优秀的微视频，依靠微视频抓住观众细碎的日常时间，就能够凭借微视频让自己、让企业、让产品成为互联网时代的"网红"。

视频直播：有颜值还要有言值

　　自 2016 年"直播元年"以后，无论是直播平台、直播的主播，还是看直播的观众，都呈现指数形式的增长。许多初创企业看到直播能够带来如此大的盈利，都纷纷踏入直播行业。但是这些初创企业，无论是自己搭建直播平台还是利用其他直播平台来进行销讲，一部分都在直播行业的"深水"中"溺死"。直播虽然是当前信息传播的大趋势，也是营销行业的风口之一，但是直播并没有人们想象中那么容易成功。特别是企业在用直播来做销讲的时候，还需要注意许多问题。

　　想要做出优秀的视频直播，除了销讲者要精心塑造自己、让自己以最好的状态展现在屏幕上之外，还要选择合适的直播平台、准备合适的内容，同时做好线上线下的宣传，并且在直播结束后还要想办法让直播的内容能够"再利用"。因此，视频直播不仅要有颜值，还要有"言值"，视频直播创造的价值不仅体现在直播进行的那段时间，在直播前后仍能够为销讲者创造价值。

（1）选择合适的平台

　　在互联网上网罗大量流量的直播平台，一定是经过长期的发展形成的，因此并不是所有的企业都能够像淘宝、京东那样有资本搭建自己专属的直播平台。多数企业家想要做线上销讲，就必须另外选择一个大流量的直播平台。但是并不是所有直播平台就一定与企业家自身的风格、企业品牌的形象以及企业产品的作用相符合。因为不同的直播平台有不同的核心直播内容，平台中的观众也是因为喜欢平台的核心直播内容才停留在平台中，因此企业家的线上销讲一定要选择一个核心直播内容与企业相匹配的直播平台。

（2）准备完善的线上销讲内容

准备完善的线上销讲内容不仅是指要准备生动有趣、符合企业形象的销讲内容，还要准备一切在直播过程中可能出现的意外情况的预备措施。直播不像多数电视节目或者互联网视频那样可以在播出前进行剪辑，直播节目是通过互联网直接面向观众的，具有"现场直播"的效果。因此，如果企业家在直播的过程中说错一句话、做错一个动作，都会带来不可挽回的负面效果。比如雷军的小米无人机在直播过程中出现意外坠机的情况，然而小米却没有为这种意外准备任何预备措施，只是强行中断直播，进而导致小米无人机后期的销量也不是很理想。

准备线上销讲的内容，不仅指准备销讲过程中应该讲的话，而且指销讲者应该提前准备直播过程中的穿着打扮。虽然现在多数直播平台中主播以"网红脸"为主，但是很多占据大量流量的直播大 IP 并非"网红脸"主播，而是那些有自己特色的穿着和特色内容的主播。因为"网红脸"已经成为直播中的一种"同质化"内容，对观众来说已经不新鲜了，有创意的打扮再配上有创意的内容，反而更能吸引流量。

（3）线上、线下同时宣传

线上销讲的主战场虽然是互联网，但是线下也要做好宣传。线上的宣传可以在销讲者的个人网站、微博、微信公众号等社交平台上进行，线下则可以靠报纸、传单、人力走访等方式进行宣传。只有线上、线下同时宣传，才能保证销讲在吸引新客户的同时还能维持老客户，进而让更多的人参与到线上的销讲活动中。

（4）将线上销讲的内容放到其他社交平台上

现在许多人在直播结束之后，就将之前直播的内容放下不管了，实际上这是一种非常"浪费"的做法。在直播结束之后，之前直播的内容还可以作为视频进行再利用，可以通过后期适当的加工和剪辑作为普通视频或者微视频放到其他社交平台上，进而创造二次利用价值。比如一直以短视频内容为主的 papi 酱曾经做过一次直播，当时观看直播的人数突破了 2000 万。然后 papi 酱把此次的直播作为视频传递到各大社交平台上，结果带来了比直播还大的利益——光是"papi 酱直播"的微博话题阅读量就高达好几亿，优酷、土豆、bilibili 等视频网站上的点击量也非常可观。因此，直播结束绝对不代表之前的视频直播就失去了利用价值，销讲者还可以把直播的内容做成视频创造二次利用价值。

　　视频直播是当下的风口，也是未来的时尚潮流。当人们越来越倾向于视频直播而不是电视直播的时候，就为销讲者提供了一定的机会。因为直播平台的门槛非常低，只需要实名认证就可以进行直播。只要确保直播的内容健康向上，销讲者在面对观众的时候有颜值还有言值，精心把握住直播过程中的每一点细节，就可以通过直播来进行线上销讲，并在线上获得巨大的盈利。

语音直播：说的内容很重要

视频直播在 2016 年成为互联网上的热门风口，但是伴随着大量视频直播平台的加入，视频直播的"水分"也随之增大。以主播颜值为核心的视频直播已经无法满足众多网民，哪怕再新鲜有趣的直播画面，也会马上出现类似的同质化内容。在视频直播的劣势逐渐暴露出来的时候，语音直播的优势开始凸显。语音直播不仅为颜值不高但是非常有才能的人提供了销讲的平台，还把信息的内容和价值再度推上了互联网的核心要点，因此语音直播也成了互联网时代的重要销讲方式。

（1）营销新方向：语音直播

语音直播就是在不露脸的情况下，通过互联网中特定的语音直播社交平台向其他听众用语音传达信息。没有视频画面的语音直播，虽然没有视频直播带来的视觉上的冲击，但是强调了直播内容的重要性。也就是说，语音直播再度让互联网市场的核心竞争价值回归到内容上，把颜值、场景、动作等影响因素彻底抛弃。因此，语音直播实质上就是弥补了视频直播内容上的不足，强调了这个时代的内容价值，进而才能以内容满足听众。在多数听众因内容而喜欢上语音直播的时候，语音直播的营销价值也日益凸显，并让语音直播成为互联网营销的新方向。

（2）语音直播的优势

语音直播相对于视频直播也有一定的优势。特别是对知识型销讲者来说，语音直播的优势更加突出，只要专业知识丰富、善于随机应变、销讲经验丰富的人，随时都可以通过相关的语音直播平台做一场专业性非常强的语音直播。

◎强调内容，降低其他直播条件

由于语音直播没有画面，所以抛开了场景布置、画面播出形式、销讲者形象等因素的影响，单纯地把内容放到核心地位。在剔除其他多余影响因素的情况下，销讲者就可以把更多的时间和精力放到精品内容上，因此善于用语音直播的销讲者，内容往往会越做越好。并且，语音直播也为那些颜值不突出的销讲者提供了线上销讲的机会，只要销讲者能通过口述的方式为听众提供有价值的信息、知识、技能等，就能够在平台上聚拢一定的流量。

◎注重隐私

在这个信息泛滥的时代，私人信息变得非常宝贵，如何保护自己的隐私成为网民共同关注的话题。不需要"露脸"的语音直播，就能够很好地维护销讲者的隐私。不想在网络上过于曝光自己的"保守派"销讲者就可以选择语音直播，单纯地用语言去打动观众，让观众在听语音直播的过程中弱化销讲者的隐私信息。

虽然语音直播对比视频直播，在内容和隐私上占据了绝对的优势，但是这不代表语音直播就完全没有劣势。因为语音直播缺少画面，无法为听众带来视觉体验，所以语音直播在视觉画面上的局限性很大。再加上语音直播对内容的质量要求非常高，普通的销讲者很难自然地把广告穿插到销讲内容中并让听众自然地接受产品广告，导致语音直播在产品信息的传播上有很大的局限性。因此，语音直播和视频直播虽然都属于直播行列，但是各有优劣。想要在线上通过直播来传播产品信息的销讲者，要根据自身的情况来选择适合自己的直播方式。

群组营销：即时＋互动

　　人类是群体动物，集结成群是人类的天性，而群体是市场形成的必然条件。伴随着互联网的高速发展以及移动互联网的成熟，人类集群的方式已经打破时间和空间的限制，销售市场进而开始无限扩大。在市场不断扩大的互联网环境下，营销的机会自然就会增加。如果能将营销与互联网上的群组相结合，用销讲去挖掘群组的能量，用"即时＋互动"来推动群组营销，就能够充分挖掘互联网中的群组为企业带来的盈利。

（1）群组营销的定义

　　互联网中的群组的本质就是建立在互联网通信工具的基础上，用各种通信工具中的创建"群"的功能，把有相似特点的人集中到一个"群"中。国内相对出名的群组有 QQ 群、微信群、微博群、YY 群等，国外的社交平台 Facebook 也有创建群组的功能。也就是说，群组其实是一个沟通圈，功能起源于互联网聊天室，经过长期发展才成为互联网社交平台上的群组。

　　群组营销是建立在拥有固定互联网群组的基础上的，在群组内部开展营销活动的一种销售模式。通过销售员、群管理员在群内发布一些产品的信息、链接等，让群内成员自主购买产品，进而为销售员和企业带来利润。因此，群组营销实际上就是在互联网社交圈内，通过网络用图片、文字、语言来发布销讲内容，引导客户进行购买的互联网时代的销讲模式。

（2）群组营销的方式

　　伴随着互联网社交工具使用率的提高，用户建立群组的条件也越来越低——多数社交平台的用户只要达到一定的等级，就可以随意建立群组。然而，营销群组与单纯的社交群组的建立方式、建立目的以及运营方式完全不同。虽然营销群组与社交群组都是基于互联网的某种社交平台，是通过群组的管理人员创建的，但是营销群组除了要具备社交群组的所有功能之外，还要具备营销、盈利、推广的功能。因此，在建立营销群组的时候以及在群组营销的过程中要注意"即时＋互动"，用专业的线上服务态度来博得客户的欣赏。

◎即时性

互联网最大的特点就是信息传播的速度非常快，因此在群组营销的过程中也要保证信息传播的即时性。为了确保群组营销的信息能够即时传播，群组中的销售员、管理者不仅要即时在群组内部发布相应的产品信息、销售信息，而且要即时回复群组中其他成员的提问。

◎即时推送信息：即时推送信息就是把互联网中与产品相关的最新消息即时传播到群组中，而不是把互联网中已经泛滥的同质化产品信息推送到群内。因为，如果把互联网中泛滥的同质化信息传送到群组中，已经通过其他渠道了解了相关的信息客户就不会再去关注群内的信息。长此以往，群组内部就不会有人再去关注销售员、管理员发布的信息。还要注意的是，销售员、管理员不一定非要推送产品信息让客户购买，还可以推送与产品相关的其他信息或者互联网上有趣、新鲜的新闻、段子等，以此来活跃群组内的气氛。

◎即时回复群组成员：为了维持群组内的社交氛围，当群组成员在群内发问的时候，无论问题是否与企业、商家的产品相关，无论是销售员还是群组的管理员，都要即时回答群组成员提出的所有问题。哪怕群组成员的问题非常难、非常专业，哪怕销售员和管理员只能回复"我也不是非常了解这些方面的问题"，也比成员提问后出现"冷场"的局面好。而且能够即时回复其他群组成员问题的人，在群内的人气、影响力以及信誉度都会比普通成员要高出许多。

群组营销的即时性决定了销售员和群组的管理员在群组中的影响力和号

召力。只有具备影响力、号召力的销讲者，才能说服线上的客户。

◎**互动性**

一个活跃的互联网群组，群管理员不仅要即时回复群内其他成员，而且要学会调动群内成员之间的互动。但是，现在许多群组的管理员喜欢用"机器人"或者自动回复，实际上死板的"机器人"和自动回复只会让客户觉得自己没有被尊重，从而削弱客户在群内的活跃度。因此，想要做好群组营销，就必须以人工互动为主，用红包、话题来辅助人工互动。

◎人工互动：人工互动就是要群内的销售员和群组的管理员亲自回复其他客户。因为人工互动比"机器人"回复和自动回复更有"人情味"，对群内的普通成员来说，群组的管理员主动与自己说话就是对他们的重视，所以在条件允许的情况下，群内的销售员和群组的管理者要尽量用人工互动来代替单一的自动回复。

◎红包：红包是国内社交群组独有的特点，也是在互联网群组中"救场"的有利武器。当群内长期没人互动交流、管理员发布信息也没人回复的时候，群内的销售员和管理者不妨发几个红包来活跃气氛。红包不一定要大，但是数目要适量。让群内成员在"抢红包"的过程中获得乐趣，就可以在活跃气氛的同时，引导群组成员积极互动。

◎发布话题：发布有趣、值得讨论的话题也是调动群组互动积极性的工具。当群组冷场的时候，销售员、管理员可以发布一些与产品有关或者与当时的热门话题有关的新话题，自己带头引导群内成员一起讨论。

互动是互联网群组的主要功能，也是群组营销获得客户信任的主要方式。销售员在互动中进行销讲，在互动中把产品信息传达给客户，让客户自然而然地接受产品信息，那么群组的营销作用就达到了。

群组营销是线上挽留老客户的主要方法，也是让老客户在线上转介绍新客户的方式之一。当群组足够大、足够好时，老客户就会主动拉新人进入群组，甚至还会有人通过互联网的搜索功能主动找到群组。因此，只要把握住群组"即时＋互动"的特性，用销讲系统辅助群组营销，就能够在线上获得稳定的盈利。